Agente Fifa

Legge 23.03.1981 n.91
Circolari FIFA
Allegato 6

Gli articoli sono commentati ed approfonditi rispetto al testo fornito dalla FIGC frutto di corsi sostenuti dallo stesso autore per il superamento dell'esame di procuratore sportivo.

Marco Mayerà

Sommario

L. 23 marzo 1981, n. 91 (1).

Norme in materia di rapporti tra società e sportivi professionisti

Capo I - Sport professionistico

1.   Attivitàsportiva.

L'esercizio dell'attività sportiva, sia essa svolta in forma individuale o collettiva, sia in forma professionistica o dilettantistica, èlibero.

2.   Professionismo sportivo.

Ai fini dell'applicazione della presente legge, sono sportivi professionisti gli atleti, gli allenatori, i direttori tecnico-sportivi ed i preparatori atletici, che esercitano l'attività sportiva a titolo oneroso con carattere di continuità nell'ambito delle discipline regolamentate dal CONI e che conseguono la qualificazione dalle federazioni sportive nazionali, secondo le norme emanate dalle federazioni stesse, con l'osservanza delle direttive stabilite dal CONI per la distinzione dell'attività dilettantistica da quella professionistica.

3.   Prestazione sportivadell'atleta.

La prestazione a titolo oneroso dell'atleta costituisce oggetto di contratto di lavoro subordinato regolato dalle norme contenute nella presente legge.
Essa costituisce, tuttavia, oggetto di contratto di lavoro autonomo quando ricorra almeno uno dei seguenti requisiti:
a) l'attività sia svolta nell'ambito di una singola manifestazione sportiva o di più manifestazioni tra loro collegate in un breve periodo ditempo;

b)
l'atletanonsiacontrattualmentevincolatoperciòcheriguardalafrequenzaa sedutedipreparazioneod allenamento;

c)
laprestazionecheèoggettodelcontratto,puravendocaratterecontinuativo,nonsuperiottoore settimanali oppure cinque giorni ogni mese ovvero trenta giorni ogni anno(2).

4.   Disciplina del lavoro subordinato sportivo.

Il rapporto di prestazione sportiva a titolo oneroso si costituisce mediante assunzione diretta e con la stipulazione di un contratto in forma scritta, a pena di nullità, tra lo sportivo e la società destinataria delle prestazioni sportive, secondo il contratto tipo predisposto, conformemente all'accordo stipulato, ogni tre anni dalla federazione sportiva nazionale e dai rappresentanti delle categorie interessate.

La società ha l'obbligo di depositare il contratto presso la

federazione sportiva nazionale per l'approvazione. Le eventuali

clausole contenenti deroghe peggiorative sono sostituite di diritto da

quelle del contratto tipo.

Nel contratto individuale dovrà essere prevista la clausola

contenente l'obbligo dello sportivo al rispetto delle istruzioni tecniche e

delle prescrizioni impartite per il conseguimento degli scopi agonistici.

Nello stesso contratto potrà essere prevista una clausola compromissoria con la quale le controversie concernenti l'attuazione del contratto e insorte fra la società sportiva e lo sportivo sono deferite ad un collegio arbitrale. La stessa clausola dovrà contenere la nomina degli arbitri oppure stabilire il numero degli arbitri e il modo di nominarli.

Il contratto non può contenere clausole di non concorrenza o, comunque, limitative della libertà professionale dello sportivo per il periodo successivo alla risoluzione del contratto stesso né può essere integrato, durante lo svolgimento del rapporto, con tali pattuizioni.

Le federazioni sportive nazionali possono prevedere la costituzione di un fondo gestito da rappresentanti delle società e degli sportivi per la corresponsione della indennità di anzianità al termine dell'attività sportiva a norma dell'articolo 2123 del codice civile.

Ai contratti di cui al presente articolo non si applicano le norme contenute negli articoli 4, 5, 13, 18, 33, 34 della *legge 20 maggio 1970, n. 300*, e negli articoli 1, 2, 3, 5, 6, 7, 8 della *legge 15 luglio 1966, n. 604*. Ai contratti di lavoro a termine non si applicano le norme della *legge 18 aprile 1962, n. 230*.

L'articolo 7 della *legge 20 maggio 1970, n. 300*, non si applica alle sanzioni disciplinari irrogate dalle federazioni sportive nazionali (2/a).

5.Cessione delcontratto.

Il contratto di cui all'articolo precedente può contenere l'apposizione di un termine risolutivo, non superiore a cinque anni dalla data di inizio del rapporto. È ammessa la successione di contratto a termine fra gli stessi soggetti.

È ammessa la cessione del contratto, prima della scadenza, da una società sportiva ad un'altra, purché vi consenta l'altra parte e siano osservate le modalità fissate dalle federazioni sportive nazionali.

*6.*Premio di addestramento e formazionetecnica.

1. Nel caso di primo contratto deve essere stabilito dalle Federazioni sportive nazionali un premio di addestramentoeformazionetecnicainfavoredellasocietàodassociazionesportivapressolaqualel'atleta ha svolto la sua ultima attività dilettantistica ogiovanile.

2. Alla società od alla associazione sportiva che, in virtù di tesseramento dilettantistico o giovanile, ha provveduto all'addestramento e formazione tecnica dell'atleta, viene riconosciuto il diritto di stipulare il primo contratto professionistico con lo stesso atleta. Tale diritto può essere esercitato in pendenza del precedente tesseramento, nei tempi e con le modalità stabilite dalle diverse federazioni sportive nazionali in relazione all'età degli atleti ed alle caratteristiche delle singole disciplinesportive.

3. Il premio di addestramento e formazione tecnica dovrà essere reinvestito, dalle società od associazioni che svolgono attività dilettantistica o giovanile, nel perseguimento di fini sportivi(3).

(1) Così sostituito dall'art. 1, *D.L. 20 settembre 1996, n. 485*(Gazz. Uff. 21 settembre 1996, n. 222), convertito in legge, con modificazioni, dalla *L. 18 novembre 1996, n. 586*(Gazz. Uff. 20 novembre 1996, n. 272),entratoinvigoreilgiornostessodellasuapubblicazione.Inprecedenza, modifichealpresentearticolo erano state disposte dal *D.L. 17 maggio 1996, n. 272*(Gazz. Uff. 18 maggio 1997, n. 115) e dal *D.L. 22 luglio 1996, n. 383*(Gazz. Uff. 22 luglio 1996, n. 170), non convertiti in legge, i cui effetti sono stati fatti salvi dalla suddetta *legge n. 586 del1996.*

---

7.   **Tutelasanitaria.**

L'attività sportiva professionistica è svolta sotto controlli medici, secondo norme stabilite dalle federazioni sportive nazionali ed approvate, con decreto Ministeriale della sanità sentito il Consiglio sanitario nazionale, entro sei mesi dalla data di entrata in vigore della presente legge (4).

Le norme di cui al precedente comma devono prevedere, tra l'altro, l'istituzione di una scheda sanitaria per ciascuno sportivo professionista, il cui aggiornamento deve avvenire con periodicità almeno semestrale.

In sede di aggiornamento della scheda devono essere ripetuti gli accertamenti clinici e diagnostici che sono fissati con decreto del Ministro della sanità.

La scheda sanitaria è istituita, aggiornata e custodita a cura della società sportiva e, per gli atleti di cui al secondo comma dell'articolo 3, dagli atleti stessi, i quali devono depositarne duplicato presso la federazione sportiva nazionale.

Gli oneri relativi alla istituzione e all'aggiornamento della scheda per gli atleti professionisti gravano sulle società sportive. Per gli atleti di cui al secondo comma dell'articolo 3, detti oneri sono a carico degli atleti stessi.

Le competenti federazioni possono stipulare apposite convenzioni con le regioni al fine di garantire l'espletamento delle indagini e degli esami necessari per l'aggiornamento della scheda.

L'istituzione e l'aggiornamento della scheda sanitaria costituiscono condizione per l'autorizzazione da parte delle singole federazioni allo svolgimento dell'attività degli sportivi professionisti.

Per gli adempimenti di cui al presente articolo le regioni potranno eventualmente istituire appositi centri di medicina sportiva.

(2) Con _D.M. 15 settembre 1983_(Gazz. Uff. 30 settembre 1983, n. 269) sono state disposte norme per la tutela dei ciclisti professionisti. Detto decreto, peraltro, è stato abrogato dall'art. 10, _D.M. 13 marzo 1995_, riportato al n.F/XII.

8.   Assicurazione contro i rischi.

Le società sportive devono stipulare una polizza assicurativa individuale a favore degli sportivi professionisti contro il rischio della morte e contro gli infortuni, che possono pregiudicare il proseguimento dell'attività sportiva professionistica, nei limiti assicurativi stabiliti, in relazione all'età ed al contenuto patrimoniale del contratto, dalle federazioni sportive nazionali, d'intesa con i rappresentanti delle categorie interessate.

9.   Trattamentopensionistico.

L'assicurazione obbligatoria per la invalidità, la vecchiaia ed i superstiti, prevista dalla *legge 14 giugno 1973, n. 366*(5), per i giocatori e gli allenatori di calcio è estesa a tutti gli sportivi professionisti di cui all'articolo 2 della presente legge.

I contributi per il finanziamento dell'assicurazione per l'invalidità e la vecchiaia dovuti per gli assicurati di cui al presente articolo sono calcolati sul compenso globale annuo, nei limiti del massimale mensile e nelle misure previste dalla *legge 14 giugno 1973, n. 366*(5), per i giocatori e gli allenatori di calcio.

Ai fini del calcolo del contributo e delle prestazioni, l'importo del compenso mensile degli sportivi professionisti titolari di contratto di lavoro autonomo è determinato convenzionalmente con decreto del Ministro del lavoro e della previdenza sociale di concerto con il Ministro del turismo e dello spettacolo, sentite le federazioni sportive nazionali.

I contributi sono ripartiti tra società sportive e assicurati nella proporzione di due terzi e un terzo; sono interamente a carico degli assicurati i contributi riguardanti gli sportivi titolari di contratto di lavoro autonomo.

Del comitato di vigilanza previsto dall'articolo 5 della *legge 14 giugno 1973, n. 366* (5), fanno parte anche due rappresentanti dei professionisti sportivi previsti dal presente articolo designati dalle organizzazioni sindacali di categoria a base nazionale. In mancanza di tali organizzazioni, i due rappresentanti sono nominati con decreto del Ministro del lavoro e della previdenza sociale di concerto con il

Ministro del turismo e dello spettacolo, su proposta del presidente del CONI.

Ai fini della determinazione del diritto alla pensione e della misura di essa, i professionisti sportivi di cui al presente articolo possono riscattare, a domanda, i periodi di attività svolta anteriormente alla data di entrata in vigore della presente legge con le norme e le modalità di cui all'articolo 13 della *legge 12 agosto 1962, n. 1338* (6).

Gli sportivi professionisti iscritti al fondo speciale, istituito con *legge 14 giugno 1973, n. 366* (5), possono conseguire il diritto alla pensione al compimento del quarantacinquesimo anno di età per gli uomini e del quarantesimo anno di età per le donne, quando risultino versati o accreditati in loro favore contributi per almeno venti anni, compresi quelli versati per prosecuzione volontaria.

La contribuzione di cui al comma precedente deve risultare versata per lavoro svolto con la qualifica di professionista sportivo.

(3) Riportata alla voce Lavoratori dello spettacolo (Ente nazionale di previdenza e di assistenza peri).

(5)Riportata alla voce Lavoratori dello spettacolo (Ente nazionale di previdenza e di assistenza per i).

(5)   Riportata alla voce Lavoratori dello spettacolo (Ente nazionale di previdenza e di assistenza peri).

(6)   Riportata alla voce Invalidità, vecchiaia e superstiti (Assicurazione obbligatoriaper).

(5)Riportata alla voce Lavoratori dello spettacolo (Ente nazionale di previdenza e di assistenza per i).

Capo II - Società sportive e federazioni sportive nazionali

10.   Costituzione eaffiliazione.

Possono stipulare contratti con atleti professionisti solo società sportive costituite nella forma di società per azioni o di società a responsabilità limitata. In deroga all'articolo 2488 del codice civile è in ogni caso obbligatoria, per le società sportive professionistiche, la nomina del collegio sindacale (7).
    L'atto costitutivo deve prevedere che la società possa svolgere esclusivamente attività sportive ed attività ad esse connesse o strumentali (8).
    L'atto costitutivo deve provvedere che una quota parte degli utili, non inferiore al 10 per cento, sia destinata a scuole giovanili di addestramento e formazione tecnico-sportiva (8).
    Prima di procedere al deposito dell'atto costitutivo, a norma dell'articolo 2330 del codice civile, la società deve ottenere l'affiliazione da una o da più federazioni sportive nazionali riconosciute dal CONI.
    Gli effetti derivanti dall'affiliazione restano sospesi fino

all'adempimento degli obblighi di cui all'articolo 11. L'atto

costitutivo può sottoporre a speciali condizioni l'alienazione delle

azioni o delle quote.

L'affiliazione può essere revocata dalla federazione sportiva

nazionale per gravi infrazioni all'ordinamento sportivo.

La revoca dell'affiliazione determina l'inibizione dello svolgimento dell'attività sportiva.

Avverso le decisioni della federazione sportiva nazionale è ammesso ricorso alla giunta esecutiva del CONI, che si pronuncia entro sessanta giorni dal ricevimento del ricorso.

(7) Periodo aggiunto dall'art. 4, *D.L. 20 settembre 1996, n. 485*(Gazz. Uff. 21 settembre 1996, n. 222), convertito in legge, con modificazioni, dalla *L. 18 novembre 1996, n. 586*(Gazz. Uff. 20 novembre 1996, n. 272), entrato in vigore il giorno stesso della suapubblicazione.

(8) Il comma secondo è stato così sostituito dall'art. 4, *D.L. 20 settembre 1996, n. 485*(Gazz. Uff. 21 settembre1996,n.222),convertitoinlegge,conmodificazioni,dalla*L.18 novembre1996,n.586*(Gazz. Uff. 20 novembre 1996, n. 272), entrato in vigore il giorno stesso della suapubblicazione.

(8) L'attuale comma terzo è stato aggiunto dall'art. 4, *D.L. 20 settembre 1996, n. 485*(Gazz. Uff. 21 settembre1996,n.222),convertitoinlegge,conmodificazioni,dalla*L.18 novembre1996,n.586*(Gazz. Uff. 20 novembre 1996, n. 272), entrato in vigore il giorno stesso della suapubblicazione.

---

11. Deposito degli atti costitutivi.

Le società sportive, entro trenta giorni dal decreto del tribunale previsto dal quarto comma dell'articolo 2330 del codice civile, devono depositare l'atto costitutivo presso la federazione sportiva nazionale alla quale sono affiliate. Devono, altresì, dare comunicazione alla federazione sportiva nazionale, entro venti giorni dalla deliberazione, di ogni avvenuta variazione dello statuto o delle modificazioni concernenti gli amministratori ed i revisori dei conti.

12. Garanzia per il regolare svolgimento dei campionatisportivi.

1. Al solo scopo di garantire il regolare svolgimento dei campionati sportivi, le società di cui all'articolo 10 sono sottoposte, al fine di verificarne l'equilibrio finanziario, ai controlli ed ai conseguenti provvedimenti stabiliti dalle federazioni sportive, per delega del CONI, secondo modalità e princìpi da questo approvati (9).

(9) Così sostituito dall'art. 4, _D.L. 20 settembre 1996, n. 485_(Gazz. Uff. 21 settembre 1996, n. 222), convertito in legge, con modificazioni, dalla _L. 18 novembre 1996, n. 586_(Gazz. Uff. 20 novembre 1996, n. 272), entrato in vigore il giorno stesso della suapubblicazione.

13. Potere di denuncia altribunale.

Le federazioni sportive nazionali possono procedere, nei confronti delle società di cui all'articolo 10, alla denuncia di cui all'articolo 2409 del codice civile (9).

(9) Così sostituito dall'art. 4, _D.L. 20 settembre 1996, n. 485_(Gazz. Uff. 21 settembre 1996, n. 222), convertito in legge, con modificazioni, dalla _L. 18 novembre 1996, n. 586_(Gazz. Uff. 20 novembre 1996, n. 272), entrato in vigore il giorno stesso della suapubblicazione.

14. Federazioni sportivenazionali.

Le federazioni sportive nazionali sono costituite dalle società e dagli organismi ad esse affiliati e sono rette da norme statutarie e regolamentari sulla base del principio di democrazia interna.

Alle federazioni sportive nazionali è riconosciuta l'autonomia tecnica, organizzativa e di gestione, sotto la vigilanza del CONI.

Per l'espletamento delle attività di amministrazione da parte degli uffici centrali, le federazioni sportive nazionali si avvalgono di personale del CONI, il cui rapporto di lavoro è regolato dalla *legge 20 marzo 1975, n. 70* (10).

Per le attività di carattere tecnico e sportivo e presso gli organi periferici, le federazioni sportive nazionali possono avvalersi, laddove ne ravvisino l'esigenza, dell'opera di personale, assunto, pertanto, in base a rapporti di diritto privato. La spesa relativa graverà sul bilancio delle federazioni sportive nazionali.Le federazioni sportive nazionali devono adeguare il loro ordinamento alle norme della presente legge entro sei mesi dall'entrata in vigore della legge stessa] (10/a).

(10) Riportata alla voce Impiegati civili delloStato.

Articolo abrogato dall'art. 19, *D.Lgs. 23 luglio 1999, n. 242.*

Capo III - Disposizioni di carattere tributario

15. Trattamento tributario.

Ai redditi derivanti dalle prestazioni sportive oggetto di contratto di lavoro autonomo si applicano le disposizioni dell'articolo 49, terzo comma, lettera *a*), del *decreto del Presidente della Repubblica 29 settembre 1973, n. 597*(11), e successive modificazioni ed integrazioni.

L'indennità prevista dal settimo comma dell'articolo 4 della presente legge è soggetta a tassazione separata, agli effetti dell'imposta sul reddito delle persone fisiche, a norma dell'articolo 12 del *decreto del Presidente della Repubblica 29 settembre 1973, n. 597*(11), e successive modificazioni ed integrazioni.

L'imposta sul valore aggiunto per le cessioni dei contratti previste dall'articolo 5 della presente legge si applica esclusivamente nei modi normali ed in base all'aliquota dell'8 per cento di cui alla tabella *A*, parte III, allegata al *decreto del Presidente della Repubblica 26 ottobre 1972, n. 633*(12), e successive modificazioni e integrazioni. Per l'attività relativa a tali operazioni le società sportive debbono osservare le disposizioni del *decreto del Presidente della Repubblica 26 ottobre 1972, n. 633*(12), e successive modificazioni e integrazioni, distintamente dalle altre attività esercitate, tenendo conto anche del rispettivo volume d'affari.

Le somme versate a titolo di premio di addestramento e formazione tecnica, ai sensi dell'articolo 6, sono equiparate alle operazioni esenti dall'imposta sul valore aggiunto ai sensi dell'articolo 10 del *decreto del Presidente della Repubblica 26 ottobre 1972, n. 633* (12) [13].

Le trasformazioni, compiute nel termine di cui al primo comma dell'articolo 17, in società per azioni o in società a responsabilità limitata delle associazioni sportive che abbiano per oggetto esclusivo l'esercizio di attività sportive sono soggette alla sola imposta di registro in misura fissa.

È fatta salva l'applicazione delle disposizioni del *decreto del Presidente della Repubblica 29 settembre 1973,*

16

_n. 598_(14), recante istituzione e disciplina dell'imposta sul reddito delle persone giuridiche.

Le cessioni di diritti alle prestazioni sportive degli atleti effettuate anteriormente alla data del 31 dicembre 1994, in applicazione di norme emanate dalle federazioni sportive, non costituiscono cessione di beni agli effetti dell'imposta sul valore aggiunto (15) (16).

(11)   Riportato alla voce Redditi delle persone fisiche e delle persone giuridiche (Impostesui).

(11)   Riportato alla voce Valore aggiunto (Impostasul).

_(12)_   Comma così sostituito dall'art. 2, _D.L. 20 settembre 1996, n. 485_(Gazz. Uff. 21 settembre 1996, n. 222), convertito in legge, con modificazioni, dalla _L. 18 novembre 1996, n. 586_(Gazz. Uff. 20 novembre 1996, n. 272), entrato in vigore il giorno stesso della sua pubblicazione. In precedenza, modifiche al presente comma erano state disposte dal _D.L. 17 maggio 1996, n. 272_(Gazz. Uff. 18 maggio 1996, n. 115) e dal _D.L. 22 luglio 1996, n. 383_(Gazz. Uff. 22 luglio 1996, n. 170), non convertiti in legge, i cui effetti sono stati fatti salvi dalla suddetta _legge n. 586 del1996._

(13)   Riportato alla voce Redditi delle persone fisiche e delle persone giuridiche (Impostesui).

(14)   Per l'interpretazione autentica dell'ultimo comma del presente articolo, vedi l'art. 4, *L. 1 dicembre 1981, n. 692*, riportata alla voce Bollo (Impostadi).

(15)

Commacosìmodificatodall'art.66,*D.L.30agosto1993,n.331*,riportatoall avoceImposteetassein genere, nel testo modificato dalla relativa legge diconversione.

Capo IV - Disposizioni transitorie e finali

16.   Abolizione del vincolosportivo.

Le limitazioni alla libertà contrattuale dell'atleta professionista, individuate come «vincolo sportivo» nel vigente ordinamento sportivo, saranno gradualmente eliminate entro cinque anni dalla data di entrata in vigore della presente legge, secondo modalità e parametri stabiliti dalle federazioni sportive nazionali e approvati dal CONI, in relazione all'età degli atleti, alla durata ed al contenuto patrimoniale del rapporto con le società.

Le società sportive previste dalla presente legge possono iscrivere nel proprio bilancio tra le componenti attive, in apposito conto, un importo massimo pari al valore delle indennità di preparazione e promozione maturate alla data del 30 giugno 1996, in base ad una apposita certificazione rilasciata dalla Federazione sportiva competente conforme alla normativa in vigore (17).

Le società che si avvalgono della facoltà di cui al comma precedente debbono procedere ad ogni effetto all'ammortamento del valore iscritto entro tre anni a decorrere dalla data del 15 maggio 1996, fermo restando l'obbligo del controllo da parte di ciascuna federazione sportiva ai sensi dell'articolo 12 (17)

Le società appartenenti a federazioni sportive che abbiano introdotto nei rispettivi ordinamenti il settore professionistico in epoca successiva alla data di entrata in vigore della presente legge, oltre che avvalersi della facoltà prevista dal secondo comma, possono altresì provvedere ad un ammortamento delle immobilizzazioni, iscritte in sede di trasformazione o di prima applicazione del vincolo di cui al primo comma, entro un periodo non superiore a tre anni, a decorrere dalla data del 15 maggio 1996 (17).

(16) Comma aggiunto dall'art. 3, *D.L. 20 settembre 1996, n. 485*(Gazz. Uff. 21 settembre 1996, n. 222), convertito in legge, con modificazioni, dalla *L. 18 novembre 1996, n. 586*(Gazz. Uff. 20 novembre 1996, n. 272),entratoinvigoreilgiornostessodellasuapubblicazione.Inprecedenza, modifichealpresentearticolo erano state disposte dal *D.L. 17 maggio 1996, n. 272*(Gazz. Uff. 18 maggio 1996, n. 115) e dal *D.L. 22 luglio 1996, n. 383*(Gazz. Uff. 22 luglio 1996, n. 170), non convertiti in legge, i cui effetti sono stati fatti salvi dalla suddetta *legge n. 586 del1996.*

(17)Comma aggiunto dall'art. 3, *D.L. 20 settembre 1996, n. 485*(Gazz. Uff. 21 settembre 1996, n. 222), convertito in legge, con modificazioni, dalla *L. 18 novembre 1996, n. 586*(Gazz. Uff. 20 novembre 1996, n. 272),entratoinvigoreilgiornostessodellasuapubblicazione.Inprecedenza, modifichealpresentearticolo erano state disposte dal *D.L. 17 maggio 1996, n. 272*(Gazz. Uff. 18 maggio 1996, n. 115) e dal *D.L. 22 luglio 1996, n. 383*(Gazz. Uff. 22 luglio 1996, n. 170), non convertiti in legge, i cui effetti sono stati fatti salvi dalla suddetta *legge n. 586 del1996.*

(17)Comma aggiunto dall'art. 3, *D.L. 20 settembre 1996, n. 485*(Gazz. Uff. 21 settembre 1996, n. 222), convertito in legge, con modificazioni, dalla *L. 18 novembre 1996, n. 586*(Gazz. Uff. 20 novembre 1996, n. 272),entratoinvigoreilgiornostessodellasuapubblicazione.Inprecedenza, modifichealpresentearticolo erano state disposte dal *D.L. 17 maggio 1996, n. 272*(Gazz. Uff. 18 maggio 1996, n. 115) e dal *D.L. 22 luglio 1996, n. 383*(Gazz. Uff. 22 luglio 1996, n. 170), non convertiti in legge, i cui effetti sono stati fatti salvi dalla suddetta *legge n. 586 del1996.*

17.   Trasformazione delle società e decorrenza degli articoli 3, 4 e5.

Le società di cui all'articolo 10 devono adeguare il loro ordinamento alle norme della presente legge entro il 31 dicembre 1994 (16).

La disciplina prevista dagli articoli 3, 4 e 5 si applica dal 1 luglio 1981 e non ha effetto retroattivo.

(16)Comma così modificato dall'art. 66, *D.L. 30 agosto 1993, n. 331*, riportato alla voce Imposte e tasse in genere, nel testo modificato dalla relativa legge di conversione.

---

18.   Applicazione della legge 8 luglio 1977, n. 406, agli organi delCONI.

Nei confronti dei membri degli organi di amministrazione del CONI per i quali è prevista la designazione elettiva, si applica l'articolo unico della *legge 8 luglio 1977, n. 406* (18), ancorché siano nominati con decreto ministeriale.

(18)   Modifica l'art. 32, *L. 20 marzo 1975, n. 70*, riportata alla voce Impiegati civili delloStato.

18-bis. Disposizioni in materia di bilanci.

1. Le società sportive previste dalla presente legge possono iscrivere in apposito conto nel primo bilancio da approvaresuccessivamentealladatadientratainvigoredellapresentedisposi zionetralecomponentiattive quali oneri pluriennali da ammortizzare, con il consenso del collegio sindacale, l'ammontare delle svalutazioni dei diritti pluriennali delle prestazioni sportive degli sportivi professionisti, determinato sulla base di un'apposita periziagiurata.

2. Le società che si avvalgono della facoltà di cui al comma 1 devono procedere, ai fini civilistici e fiscali, all'ammortamento della svalutazione iscritta in dieci rate annuali di pari importo(19).

-
-
-
-
-
-
-

Circolari Fifa

Alle associazioni nazionali affiliate alla FIFA

Circolare n. **792**
N.B.
Non importante

Zurigo, 21 dicembre 2001
Calendario Coordinato Internazionale

Si fa riferimento alla circolare FIFA n. 719 del 23 giugno 2000 per ricordare che il calendario coordinato internazionale, approvato dal Comitato Esecutivo FIFA durante la riunione del 6 giugno 2000 e durante il Congresso FIFA che ha avuto luogo a Zurigo nell'agosto 2000, entrerà in vigore l'1 gennaio 2002 ed introdurrà le date stabilite per gare internazionali negli anni 2002, 2003 e 2004. Si rimette in allegato copia delle date stabilite per gare ufficiali ed amichevoli.

Sempre in allegato, si rimettono ulteriori spiegazioni sul funzionamento di tale calendario. Quest'ultimo consentirà alle associazioni nazionali di convocare calciatori da far giocare con la propria rappresentativa nazionale, in qualsiasi gara ufficiale od incontro amichevole fissato in tali date. Ogni calciatore convocato dovrà essere rilasciato dal club con il quale è tesserato. Per ulteriori dettagli relativi al rilascio dei calciatori per incontri di rappresentative nazionali, si invita a fare riferimento al nuovo Regolamento FIFA per lo Status ed il Trasferimento dei Calciatori (capitolo XIII, articolo 36) del 5 luglio 2001. Per ogni questione non prevista nell'allegato sopra citato, si fa riferimento all'articolo 45 del Regolamento.

Il calendario degli incontri internazionali per gli anni 2002, 2003 e 2004 sarà costantemente aggiornato. In particolare verranno inserite le date dei tornei all'interno delle varie Confederazioni e, per quanto attiene al calcio, le date del girone preliminare dei Giochi Olimpici di Atene 2004, che verranno stabilite a breve.

Distinti saluti.
FIFA

Michel Zen-Ruffinen
Segretario Generale

Rilascio di calciatori per incontri di rappresentative nazionali secondo il Calendario Coordinato Internazionale

(Contrario al Regolamento per lo Status ed Trasferimento dei Calciatori, articolo 36 comma 2, che verrà modificato in base alle decisioni prese dal Comitato Esecutivo FIFA)

---

a)   Date stabilite per gare di qualificazione a competizioni internazionali

Queste gare hanno la priorità su quelle del campionato nazionale. In altre parole, le gare del campionato nazionale o di coppe non possono essere fissate in nessuna delle date stabilite.

Il club presso il quale il calciatore convocato è tesserato, è tenuto a rilasciare il calciatore all'associazione nazionale per ogni gara internazionale inserita nel calendario (allegato "Calendario Internazionale Coordinato 2002-2004").

Il calciatore dovrà essere rilasciato anche per il periodo di preparazione. Se il calciatore è convocato per disputare una gara di qualificazione per una competizione internazionale, tale periodo avrà la durata di 4 giorni (incluso il giorno della gara). Il periodo del rilascio dovrà essere prolungato di 5 giorni se la gara in questione ha luogo in un continente differente da quello in cui il club ha sede (art. 36, comma 5b).

b)   Date stabilite per gare amichevoli

Queste gare hanno la priorità su quelle del campionato nazionale. In altre parole, le gare del campionato nazionale o di coppe non possono essere fissate in nessuna delle date stabilite.

Il club presso il quale il calciatore convocato è tesserato, è tenuto a rilasciare il calciatore all'associazione nazionale di appartenenza per ogni gara internazionale inserita nel calendario (allegato "Calendario Internazionale Coordinato 2002-2004"). Tali gare possono essere sia di qualificazione (art. 36 comma 2a) che amichevoli.

Il calciatore dovrà essere rilasciato anche per il periodo di preparazione. In caso di gara amichevole, tale periodo avrà la durata di 48 ore (art. 36, comma 5a).

c) Gare di qualificazione a competizioni internazionali in date stabilite per gare amichevoli

In alcuni casi (causa di forza maggiore, problemi relativi all'organizzazione del calendario, etc.), può essere necessario disputare una gara di qualificazione ad una competizione internazionale in una data inizialmente stabilita per gare amichevoli. In tal caso, il calciatore convocato, dovrà essere rilasciato alla propria associazione nazionale (come indicato nel precedente paragrafo **a)**, ai sensi dell'art. 36 comma 2a).

Il periodo del rilascio, tuttavia, avrà la sola durata di 48 ore (art. 36, comma 5a).

d) Gare amichevoli in date stabilite per gare di qualificazione a competizioni internazionali

Nel caso in cui un'associazione nazionale non dovesse disputare gare di qualificazione a competizioni internazionali, potrebbe comunque voler disputare gare amichevoli internazionali.

In tal caso il calciatore convocato dovrà essere rilasciato alla propria associazione nazionale (come indicato nel precedente paragrafo **b)**, ai sensi dell'art. 36 commi 2a e 5a).

Il periodo del rilascio avrà la sola durata di 48 ore.

e) Gare amichevoli in date non incluse nel calendario internazionale

Queste gare non hanno la priorità sulle gare del campionato nazionale. Se la gara amichevole in questione non è inclusa nel calendario internazionale, il club non è obbligato a rilasciare il calciatore convocato. Secondo l'art.36, comma 4, un calciatore può essere rilasciato all'associazione nazionale di appartenenza solo nel momento il cui il suo club abbia espresso un parere favorevole sul suo rilascio.

f) Gare finali

Secondo l'art.36, commi 2b e 5c, il calciatore convocato dovrà essere rilasciato per disputare la gara finale organizzata dalla FIFA o dalla propria Confederazione nel periodo inserito nel calendario internazionale. In tal caso il periodo del rilascio avrà la durata di 14 giorni.

g) Commenti

a. Si raccomanda vivamente a tutte le associazioni nazionali di organizzare gare internazionali il mercoledì od il sabato. Quando possibile, si raccomanda a tutte le associazioni nazionali di adottare il sistema "mercoledì e sabato", cercando, in tal modo di fissare due gare internazionali all'interno di una stessa settimana.

b. Il Comitato Esecutivo FIFA si riserva il diritto di aggiungere ulteriori date per gare internazionali. In tal caso, i calciatori dovranno essere rilasciati secondo il precedente paragrafo **a)**.

CENTENARIO FIFA 1904-2004

F
IF
A
P
er
il
gi
oc
o,
pe
r
il
m
on
do
.

Ai membri della FIFA

Circolare nr. **1147**
Zurigo, 18 giugno 2008
SG/mav/nif

Oggetto:

Ammissibilità a giocare per squadre rappresentative

Articoli 15-18 del Regolamento a disciplina dell'applicazione dello statuto Fifa

Gentile Membro,

come saprà, in occasione del 58 Congresso Fifa tenutosi a Sydney, Australia, il 30 maggio 2008, sono stati approvati alcuni emendamenti e adattamenti alle norme che disciplinano l'ammissibilità dei giocatori a giocare per squadre rappresentative. Questi emendamenti e adattamenti sono accolti negli Articoli 15-18 del Regolamento a disciplina dell'applicazione dello statuto Fifa (nel prosieguo per brevità "il Regolamento"). In allegato si trasmette una copia del testo relativo agli Articoli approvati 15-18 del suddetto Regolamento.

La maggior parte dei cambiamenti è di carattere essenzialmente linguistico, mentre in alcuni casi sono state apportate modifiche di carattere formale. Gradiremmo richiamare la Sua attenzione sull'Articolo 17 (d) del Regolamento, in cui viene espresso il nostro obiettivo di rafforzare la salvaguardia dell'identità delle rappresentative nazionali e di evitare lo sfruttamento dei giovani giocatori.

N.B.
Conformemente a questa disposizione, qualsiasi giocatore che si avvalga dell'Articolo 15, paragrafo 1, del Regolamento per assumere una nuova nazionalità e che non abbia disputato incontri internazionali secondo quanto previsto dall'Articolo 15, paragrafo 2, del suddetto Regolamento avrà il diritto di giocare per la nuova squadra rappresentativa soltanto se ha vissuto continuamente per almeno cinque anni dopo il raggiungimento del 18° anno di età nel territorio della Federazione interessata (il testo precedente recitava: "- ... per almeno due anni nel territorio ...").

In tal senso, si precisa che l'emendamento all'Articolo 17 (d) del Regolamento non avrà alcun effetto retroattivo sui giocatori che, avendo soddisfatto i requisiti succitati, abbiano già partecipato ad un incontro nell'ambito di una competizione internazionale di qualsiasi categoria per conto della Federazione in questione prima dell'entrata in vigore del testo rivisto.

Secondo quanto approvato in occasione del 58° Congresso Fifa a Sydney, tutte le modifiche apportate al Regolamento a disciplina dell'applicazione dello statuto Fifa **entreranno in vigore con effetto immediato**.

Nel ringraziarvi di aver preso visione di quanto sopra, ci è gradita l'occasione per porgere i nostri più cordiali saluti.

FEDERATION INTERNATIONALE
DE FOOTBALL ASSOCIATION
Jérôme Valcke
Segretario Generale
Annotazione
Questa circolare sostituisce l'art.15 paragrafo 2 dello Statuto Fifa
CENTENARIO FIFA 1904-2004

F
IF
A
P
er
il
gi
oc
o,
pe
r
il
m
on
do
.

Ai membri della FIFA
Circolare nr. **1148**
N.B.
Non importante

Zurigo, 23 giugno 2008

SG/mku

Oggetto:

**Versione rivista del Regolamento a disciplina delle procedure
della Commissione per lo status dei giocatori e della Camera di
risoluzione delle controversie**

28

Gentile Membro,

con la presente siamo lieti di comunicarLe che, in occasione della riunione svoltasi il 27 maggio 2008, il Comitato esecutivo della Fifa ha approvato una serie di integrazioni ed emendamenti a taluni disposti del Regolamento in oggetto (nel prosieguo per brevità "il Regolamento"). Queste integrazioni ed emendamenti entreranno in vigore il 1 luglio 2008.

In allegato si invia una versione non rilegata del regolamento rivisto, affinché sia possibile prenderne visione e custodirlo nei propri archivi. Il regolamento rivisto è altresì disponibile sul sito web della Fifa all'indirizzo www.FIFA.com, dove naturalmente è possibile scaricarlo. Nell'arco del prossimo mese, con plico a parte saranno spedite tre copie nel tradizionale formato a libretto.

Noterete che oltre ad alcune modifiche di carattere prettamente linguistico, il regolamento rivisto contiene anche delle integrazioni e degli emendamenti di contenuto. In particolare, vorremmo richiamare la vostra attenzione sui tre nuovi disposti inseriti (Articoli 13, 15 e 17 del Regolamento) riguardanti le proposte dell'amministrazione Fifa (cfr. Articolo 13), le decisioni senza motivazione (cfr. Articolo 15) e l'anticipo degli oneri (cfr. Articolo 17), nonché sugli emendamenti del disposto relativo agli oneri connessi ai procedimenti (cfr. Articolo 18).

In tal senso, vorremmo sottolineare che l'Articolo 13 del Regolamento offre all'amministrazione della Fifa la possibilità di proporre alle parti coinvolte in una controversia un accordo sull'importo dovuto in relazione all'indennità di formazione e al contributo di solidarietà. Tuttavia, ciò è previsto soltanto nei casi in cui non vi siano elementi di diritto o di fatto complessi, ovvero nei casi in cui la Camera di risoluzione delle controversie disponga già di una giurisprudenza chiara e ben definita.

Vorremmo altresì richiamare la vostra attenzione sull'Articolo 15 del Regolamento, in base al quale

e)   possibile emettere le decisioni, ad eccezione di quelle che determinano sanzioni sportive, senza motivazione. Ove lo ritengano opportuno, le parti avranno a disposizione dieci giorni per richiedere l'emissione di una decisione pienamente motivata. In caso contrario, la decisione sarà da ritenersi definitiva e vincolante. In caso di richiesta di decisione motivata, il termine entro il quale presentare istanza di appello decorre dal ricevimento della decisione motivata. Parimenti, si precisa che non sarà addebitato alcun onere qualora una delle parti decida di non richiedere le motivazioni alla base di una decisione una volta che il verdetto è stato comunicato (cfr. Articolo 18, paragrafo 3).

Gli altri emendamenti ed integrazioni al Regolamento riguardano i costi legati ai procedimenti intentati dinanzi alla Commissione per lo status dei calciatori e alla Camera di risoluzione delle controversie.

In tal senso, vi comunichiamo che è stato introdotto l'obbligo per le parti di pagare in anticipo gli oneri (cfr. Articolo 17) , da calcolare in funzione del valore della controversia, da versare ogni qualvolta viene depositato un reclamo (o una domanda riconvenzionale) presso la Fifa. Si precisa che è necessario provvedere al pagamento anticipato degli oneri per i procedimenti intentati dinanzi alla Commissione per lo status dei calciatori, compresi quelli dinanzi al giudice unico di quest'ultima (ad eccezione dei procedimenti relativi al tesseramento provvisorio dei giocatori), nonché per i procedimenti intentati dinanzi alla Camera di risoluzione delle controversie in relazione ai contenziosi riguardanti l'indennità di formazione e il meccanismo di solidarietà. Al fine di agevolare la posizione dei piccoli club di formazione, il versamento anticipato degli oneri non sarà richiesto per le controversie legate al meccanismo di solidarietà e all'indennità di formazione ove l'importo oggetto di contenzioso sia inferiore a 50.000 franchi svizzeri. Nella decisione relativa agli oneri previsti per il procedimento si dovrà tenere conto dell'anticipo degli oneri corrisposto.

Infine, si richiama altresì l'attenzione sull'Articolo 18 del Regolamento, che attualmente prevede anche l'imposizione di oneri, nella misura massima di 25.000 franchi svizzeri, in relazione ai procedimenti intentati dinanzi alla Camera di risoluzione delle controversie, ma soltanto se tali procedimenti riguardano l'indennità di formazione e il meccanismo di solidarietà. I procedimenti legati a controversie tra club e giocatori relativamente al mantenimento della stabilità contrattuale, nonché a controversie internazionali di carattere occupazionale tra un club e un giocatore continueranno ad essere gratuite.

Riteniamo che gli emendamenti e le integrazioni apportati al Regolamento garantiranno un più rapido smaltimento delle controverse presentate dinanzi ai vari organi competenti della Fifa e contribuiranno in particolare a una più rapida conclusione delle relative indagini.

Nel ringraziarvi di aver preso visione di quanto sopra, ci è gradita l'occasione per porgere i nostri più cordiali saluti.

FEDERATION INTERNATIONALE
DE FOOTBALL ASSOCIATION
Jérôme Valcke
Segretario Generale

All.:c.s.

cc.:Comitato esecutivo Fifa
     Confederazioni
     Commissione per lo status dei calciatori
     Camera di risoluzione delle controversie
     FifPro
CENTENARIO FIFA 1904-2004

**F
IF
A
P
er
il
gi
oc
o,
pe
r
il
m
on
do
.**

Ai membri della FIFA
Circolare nr. **1160**
Zurigo, 27 agosto 2008

SG/pbr

Oggetto:Versione rivista del Regolamento degli agenti dei calciatori Fifa

Gentile Membro,

in occasione della riunione svoltasi a Zurigo, Svizzera il 29 ottobre 2007, il Comitato esecutivo della Fifa ha adottato la versione rivista del Regolamento degli agenti dei calciatori, entrato in vigore il 1 gennaio 2008.
    Come certamente saprà, il Regolamento in oggetto (nel prosieguo per brevità "il Regolamento") ha introdotto l'applicazione di un limite sulla

validità delle licenze emesse agli agenti dei calciatori ed è stata istituita una procedura di riesame.

Nel frattempo, sono emersi alcuni dubbi in merito all'interpretazione dell'Articolo 17 ("Riesame") del Regolamento e in particolare in merito all'impatto che l'obbligo di sostenere nuovamente un esame ogni cinque anni avrà sugli agenti che già possedevano una licenza prima dell'entrata in vigore del Regolamento.

A tale riguardo, vorremmo chiarire che, come previsto dall'Articolo 17, paragrafo 1, del Regolamento, da ora in poi la licenza scadrà ogni cinque anni dalla data di emissione.

Inoltre, l'Articolo 39, paragrafo 2, del Regolamento sancisce che tutte le richieste per il rilascio della licenza di agente di calciatore saranno trattate in conformità al nuovo Regolamento. Infine, il paragrafo 3 del medesimo disposto prevede che gli agenti in possesso di licenza alla data di entrata in vigore del Regolamento rivisto sono altresì assoggettati al Regolamento medesimo.

Alla luce di quanto suesposto, vi comunichiamo che un'interpretazione che si ispiri alla finalità e allo spirito dei succitati disposti porta alla conclusione che tutte le licenze esistenti, ossia quelle emesse prima del 1 gennaio 2008, sono da ritenersi valide per cinque anni a far data dall'entrata in vigore del Regolamento rivisto, ossia a partire dal 1 gennaio 2008.

In realtà, le misure transitorie sono destinate in primo luogo alle richieste di nuove licenze di agenti di calciatori (cfr. Articolo 39, paragrafo 2, del Regolamento). Inoltre, tutte le licenze preesistenti saranno altresì valide per un periodo di tempo predeterminato, al fine di evitare qualsiasi forma di discriminazione. Ciononostante, il Regolamento rivisto non lascia spazio ad alcuna retroattività.

Le federazioni affiliate alla Fifa sono gentilmente pregate di fornire una copia della presente circolare a tutti gli agenti di calciatori autorizzati dalle rispettive federazioni, affinché essi ne possano prendere visione.

Nel ringraziarvi dell'attenzione che vorrete dedicare a quanto sopra, rimaniamo a vostra completa disposizione per ulteriori quesiti che vorrete sottoporci..

Annotazione

Regolamento Agenti dei calciatori Fifa 2008

Questa circolare chiarisce l'art.17 (Riesame) e non lascia spazio a nessuna retroattività

AI MEMBRI DELLA FIFA

Circolare n. 1190
Zurigo, 20 maggio 2009
SG/mku

Versione riveduta del Regolamento sullo status e sui trasferimenti dei calciatori – tutela dei minori

Gentili Signore, Egregi Signori,

-

con la presente siamo lieti di invormarVi che il Comitato Esecutivo FIFA, in occasione delle riunioni tenutesi il 18 dicembre 2008 e 19 marzo 2009, ha approvato una serie di modifiche ed integrazioni ad alcuni disposti del Regolamento sullo status e sui trasferimenti dei calciatori (in prosieguo il Regolamento). Le succitate modifiche ed integrazioni entreranno in vigore a partire dal 1 ottobre 2009.

In allegato si invia per Vostra informazione la versione non rilegata del Regolamento riveduto. La stessa versione è disponibile anche sul sito Internet della FIFA all'indirizzo (www.FIFA.com) dal quale ovviamente può essere scaricata. Nei prossimi mesi riceverete separatamente le consuete tre copie degli opuscoli contenenti le norme.

Dall'allegato Regolamento noterete che oltre ad alcune modifiche di carattere esclusivamente linguistico, il documento contiene anche delle modifiche ed integrazioni al contenuto, la maggior parte delle quali riguardano la tutela dei minori e dei club che investono nella formazione e nell'istruzione dei giovani giocatori. In particolare, con la presente si desidera attirare la Vostra attenzione su quattro disposti nuovi e/o emendati (art. 19 par. 4. 19bis, 25 par 2 e 5 par 3 dell'Allegato 4 del regolamento) relativi alla creazione di una sottocommissione per la tutela dei minori (cfr. art 19 par 4), tesseramento e dichiarazione dei minori presso le accademie (cfr. art 19bis), costo delle spese procedurali (cfr. art. 25 par 2) e calcolo dell'indennità di formazione dei calciatori giovanissimi (cfr. art. 5 par 3 dell'Allegato 4).

A tale proposito, si desidera sottolineare che l'art. 19 e l'art. 19bis sono stati inclusi anche in un elenco di articoli vincolanti a livello nazionale e dovranno essere recepiti, senza alcun emendamento, dai regolamenti delle associazioni (cfr. art 1 par 3a). A tal fine, si richiede da parte Vostra l'adozione immediata delle misure necessarie al fine di adempiere a tale requisito.

Si sottolinea inoltre che la Sottocommissione nominata dalla Commissione per lo status dei calciatori sarà incaricata dell'esame e dell'eventuale approvazione di ogni trasferimento internazionale dei calciatori minorenni nonché di ciascun primo tesseramento di giocatori minorenni che non siano cittadini del paese per il quale desiderano essere tesserati per la prima volta. Analogamente, si evidenzia che l'approvazione da parte della Sottocommissione deve essere ottenuta prima che l'associazione inoltri la richiesta di un Certificato di trasferimento internazionale e /o prima di un primo tesseramento. In fine, si noti che il disposto in questione conferisce alla Commissione Disciplinare FIFA l'autorità di sanzionare le associazioni ed i club che non rispettino le norme previste in materia (cfr. 19 par 4). La Sottocommissione è composta da 11 membri come segue: AFC (1), CAF(1), CONCACAF (1), CONMEBOL (1), OFC(1), UEFA (1), leghe (1), club (1), calciatori (1), presidente e vice presidente della Commissione per lo Status dei calciatori. I membri della Sottocommissione possono essere nominati in veste di giudice unico nei casi più urgenti.

Inoltre, desideriamo attirare la Vostra attenzione sul nuovo articolo 19bis, in virtù del quale ciascun club che gestisca un'accademia avente legami di carattere legale, economico o di fatto con il club medesimo è tenuto a dichiarare tutti i giocatori minorenni all'associazione avente competenza sul territorio in cui opera l'accademia. Inoltre, a ciascuna associazione corre l'obbligo di garantire che tutti i calciatori che frequentino un'accademia non collegata ad un club nel senso specificato in alto, vengano dichiarati all'associazione in questione. Anche in questo caso, occorre notare che il disposto in esame conferisce alla Commissione Disciplinare FIFA la facoltà di sanzionare le eventuali violazioni al disposto medesimo e che l'art. 19 vige anche per quanto attiene alla dichiarazione di tutti i calciatori minorenni che non siano cittadini del paese in cui gli stessi desiderano essere dichiarati.

Si faccia riferimento alla versione emendata dell'art. 5 par. 3 dell'Allegato 4 il quale sancisce che laddove una manifestazione che generi il diritto ad una indennità di formazione si svolga prima della fine della stagione del 18° compleanno del calciatore, i costi di formazione dei calciatori relativi alle stagioni comprese tra il 12° ed il 15° compleanno (ovvero quattro stagioni) non si baseranno più sui costi di formazione e istruzione dei club di categoria 4, bensì sulla categoria di pertinenza del nuovo club. Pertanto, qualora un calciatore si trasferisca all'età di 17 anni, il nuovo club di appartenenza sarà tenuto a versare anche l'indennità di formazione sulla base della categoria di appartenenza nella stagione tra il 12° ed il 15° compleanno. Tuttavia, qualora un giocatore si trasferisca all'età di 19 anni, le spese di formazione e di istruzione dei club di categoria 4 continueranno ad essere applicate per le stagioni comprese tra il 12° ed il 15° compleanno.

Infine, Vi informiamo che l'articolo 25, paragrafo 2 è stato emendato in conformità ai disposti contenuti nelle Nome che disciplinano le procedure relative alla Commissione per lo status dei calciatori ed alla Camera per la risoluzione delle controversie. Il succitato disposto sancisce ora che le spese pari ad un massimo di 25.000 franchi svizzeri verranno addebitate anche in relazione alle procedure condotte dinanzi alla Camera per la risoluzione delle controversie, ma soltanto in relazione a dispute concernenti le indennità di formazione ed il meccanismo di solidarietà.

In ultimo, si noti che i termini "minore" e "accademia" sono stati inclusi anche nel capitolo dedicato alle definizioni del regolamento.

A nostro avviso, le modifiche e le integrazioni al regolamento consentiranno di monitorare e controllare con maggiore efficienza l'osservanza alle norme in materia di tutela dei minori, al fine di salvaguardare dallo sfruttamento i giovani giocatori ed i club che forniscono la formazione.

Si ringrazia per la cortese attenzione.

Cordiali saluti

FÉDÉRATION INTERNATIONALE
DE FOOTBALL ASSOCIATION

Jérôme Valcke
Segretario Generale

Annotazione
Questa circolare è già recepita all'interno del regolamento sullo status e sui trasferimenti dei calciatori (Tutela dei minori)

Ai membri della FIFA

Circolare n. **1200**
N.B.
Non importante

Zurigo, 30 luglio 2009
SG/mav

Emendamenti allo Statuto FIFA ed al Regolamento a disciplina dell'applicazione dello Statuto

Gentili Signore, Egregi Signori,

a seguito dell'approvazione del 59° Congresso FIFA tenutosi a Nassau il 3 giugno 2009, gli emendamenti agli articoli:13 par. 1 (g), art. 13 par. 3, art 17 par 1 e art. 34 par 3 dello Statuto FIFA, nonché all'art. 18 del Regolamento a disciplina dell'applicazione dello statuto (in prosieguo il "Regolamento") entreranno in vigore a partire dal 2 agosto 2009. A tale proposito, si noti quanto segue:

Conformemente all'art. 13 par. 1 (g) ed all'art. 17 par. 1 dello Statuto FIFA, i membri sono tenuti a svolgere i propri incarichi in modo indipendente, garantendo l'assenza di interferenze da parte di terzi.

Conformemente all'art. 13 par. 3 dello Statuto FIFA, le violazioni all'art. 13 par. 1 (g) dello Statuto FIFA possono dar luogo a sanzioni anche qualora l'influenza di terzi non sia riconducibile a colpe del membro interessato.

Conformemente all'art. 34 par. 3 dello Statuto FIFA, i membri di ciascuna commissione permanente possono essere rinominati e sollevati dai propri incarichi in qualsiasi momento.

Inoltre, l'art. 18 del Regolamento è stato emendato in conformità alla proposta presentata dall'Associazione Calcio dell'Algeria. Di conseguenza, i calciatori che desiderano esercitare il proprio diritto di cambiare l'associazione per la quale risultano idonei a giocare non saranno più soggetti ad alcun limite d'età, a condizione che tutti gli altri requisiti di cui all'art. 18 par 1 del Regolamento siano stati soddisfatti.

Si ringrazia per la cortese attenzione e per la preziosa collaborazione

Cordiali saluti
Ai membri della FIFA

Circolare n. **1206**

Zurigo, 13 ottobre 2009
SG/mku

Versione riveduta del Regolamento sullo status e sui trasferimenti dei calciatori – tutela dei minori

Gentili Signore, Egregi Signori,

Con la presente siamo lieti di informarVi che il Comitato Esecutivo FIFA ha approvato una serie di integrazioni al Regolamento sullo status ed i trasferimenti dei calciatori (in prosieguo il Regolamento) in occasione della riunione tenutasi il 29 settembre 2009. I disposti integrativi sono entrati in vigore a partire dal 1 ottobre 2009.

Alleghiamo copia della versione aggiornata del regolamento per Vostra informazione. Il Regolamento riveduto è disponibile anche sul sito internet della FIFA all'indirizzo www.fifa.com dal quale ovviamente può essere scaricato. A tempo debito, riceverete le consuete tre copie degli opuscoli contenenti le norme.

Si faccia riferimento alla Circolare 1190 con la quale siete stati informati circa le modifiche e le integrazioni apportate al Regolamento in materia di tutela dei minori, in particolare all'Art. 19 par 4 del Regolamento medesimo entrato in vigore il 1 ottobre 2009.

A tale proposito, si sottolinea che la Sottocommissione designata dalla Commissione per lo status dei calciatori è responsabile della disamina e dell'approvazione di ciascun trasferimento internazionale dei calciatori minorenni, nonché di ciascun primo tesseramento di calciatori minorenni che non siano cittadini del paese per il quale desiderano essere tesserati per la prima volta.

In virtù di quanto sopra, ed in considerazione del fatto che le procedure summenzionate saranno gestite attraverso il sistema TMS, il Regolamento riveduto contiene un nuovo Allegato 2 contenente le procedure a disciplina delle richieste di primo tesseramento e dei trasferimenti internazionali dei minori.

Si faccia riferimento al Regolamento allegato, ed in particolare all'Allegato 2, contenente i nove disposti che illustrano e regolamentano le procedure a riguardo.

In linea di massima, il vigente Regolamento a disciplina delle procedure relative alla Commissione per lo Status dei calciatori e alla Camera di risoluzione delle Controversie si applica alle procedure di richiesta. Tuttavia, al fine di venire incontro alle esigenze delle nuove procedure informatizzate, noterete che sono state introdotti delle lievi modifiche.

Analogamente, Vi informiamo che l'approvazione da parte della Sottocommissione deve essere ottenuta prima che l'associazione faccia richiesta di un Certificato di Trasferimento Internazionale e /o prima di un primo tesseramento. A tale proposito, si noti che una volta ottenuta l'approvazione della Sottocommissione, la nuova associazione dovrà comunque richiedere il CTI nel corso di uno dei due periodi di tesseramento annuale fissati dall'associazione di competenza (cfr. art. 6 par. 1 del Regolamento) e similmente, in caso di primo tesseramento il minore potrà essere tesserato esclusivamente durante uno dei due periodi di tesseramento annuali fissati dalla relativa associazione.

Per concludere, Vi informiamo che durante il periodo di transizione, ovvero fino a che l'associazione non avrà accesso alla sezione "Minori" del sistema TMS, le procedure di richiesta verranno espletate tramite fax. Tuttavia, una volta che l'associazione avrà avuto accesso alla sezione "Minori" del sistema TMS verranno esaminate soltanto le richieste immesse dall'associazione interessata nel sistema TMS.

A nostro avviso, le nuove integrazioni al Regolamento contribuiranno a migliorare le procedure e consentiranno di controllare in modo più efficiente l'osservanza delle norme in materia di tutela ad ei minori.

Si ringrazia per la cortese attenzione.

Cordiali saluti

FÉDÉRATION INTERNATIONALE
DE FOOTBALL ASSOCIATION

Marcus Kattner
Vice Segretario Generale

Annotazione
Questa circolare integra la Tutela dei minori all'interno del regolamento sullo status e sui trasferimenti dei calciatori

Ai membri della FIFA

Circolare n. **1209**

Zurigo, 30 ottobre 2009
SG/mku

Tutela dei minori

Gentili Signore, Egregi Signori,

Con riferimento alle modifiche ed integrazioni al Regolamento sullo status ed i trasferimenti dei calciatori (in prosieguo il Regolamento) e più precisamente con riguardo alla tutela dei minori di cui all'art. 19 par. 4 ed all'Allegato 2 entrati in vigore il 1 ottobre 2009, Vi informiamo che in vista dell'applicazione dei nuovi disposti in materia di tutela dei minori si sono svolte numerose riunioni di lavoro con la partecipazione dei rappresentanti del TMS FIFA, i membri della Sottocommissione designata dalla Commissione per lo status dei calciatori (in prosieguo la Sottocommissione) ed alcune le associazioni affiliate alla FIFA al fine di esaminare le procedure connesse all'utilizzo del TMS FIFA. Le riunioni hanno portato lunghi e complessi dibattiti. In particolare, è stata analizzato il livello di proporzionalità esistente tra la tutela dei minori e la praticità del nuovo sistema informatico.

Di conseguenza, la Commissione sullo status dei calciatori, in occasione della riunione tenutasi il 28 ottobre 2009, ha provveduto a valutare l'uso appropriato del sistema informatizzato nell'ambito dell'applicazione dei nuovi disposti in materia di tutela dei minori adottando una decisione di carattere generale. In particolare, la Commissione sullo status dei calciatori è giunta alla conclusione che al fine di garantire il corretto funzionamento del sistema e la salvaguardia del principio di tutela dei minori, in circostanze speciali un'associazione può inoltrare alla Sottocommissione una richiesta scritta di esenzione limitata dall'obbligo di sottoporre ad approvazione le proprie richieste ai sensi dell'articolo 19 par. 4 del regolamento relativo ai calciatori minorenni dilettanti.

A tale proposito, la Commissione sullo status dei calciatori ha precisato che in ogni caso, tali esenzioni limitate, qualora concesse, valgono soltanto per i calciatori minorenni dilettanti che desiderano

43

tesserarsi esclusivamente presso club dilettanti. In altre parole, gli eventuali tesseramenti di calciatori minorenni in club professionisti o club o accademie aventi legami di natura economica o di fatto con club professionisti restano comunque soggetti all'approvazione della Sottocommissione.

La Commissione sullo status dei calciatori ha inoltre precisato che qualora tale richiesta di esenzione limitata venga concessa dalla sottocommissione ad un'associazione affiliata, la stessa dovrà garantire il rispetto dei principi di tutela dei minori contenuti negli articoli 19 e 19bis del Regolamento.

Inoltre, è stato chiarito che soltanto l'associazione interessata può dimostrare il rigoroso rispetto del principio della tutela dei minori. L'eventuale tesseramento di un calciatore minorenne dilettante, effettuato senza la previa approvazione della sottocommissione in virtù dell'esenzione limitata, darà diritto al club che tessera il giocatore agli eventuali futuri compensi di formazione o contributi di solidarietà, ai sensi degli Allegati 4 e 5 del Regolamento.

In fine la Commissione sullo status dei calciatori ha deliberato che la Sottocommissione è investita della competenza di decidere se concedere o meno le esenzioni di cui all'Art. 19 par. 4 del Regolamento valutando caso per caso.

A nostro parere, i chiarimenti resi dalla Commissione sullo status dei calciatori in merito all'impiego del sistema informatico contribuiranno al raggiungimento degli obiettivi prefissati dal Regolamento in materia di tutela dei minori.

Si ringrazia per la cortese attenzione.

Cordiali saluti

FÉDÉRATION INTERNATIONALE
DE FOOTBALL ASSOCIATION

Jérôme Valcke
Segretario Generale

Annotazione
Questa circolare integra la Tutela dei minori all'interno del regolamento sullo status e sui trasferimenti dei calciatori

Alle associazioni nazionali affiliate alla FIFA

Circolare n. **1228**
N.B.
Non importante

Zurigo, 21 dicembre 2010

Calendario gare internazionali – variazione di date
Gentili Signori e Signore,
abbiamo il piacere di informarvi che in occasione della recente riunione
tenutasi a Johannesburg, sudafrica, il 6 e 7 giugno 2010, il Comitato
Esecutivo della FIFA ha deciso, sulla base dell'art. 77 degli Statuti FIFA,
di includere le seguenti date addizionali nel calendario di gare
internazionali:

       f)   mercoledì 1° giugno 2011: data per gare amichevoli
       g)   da venerdì 1° giugno a martedì 5 giugno 2012: periodo per
due gare di qualificazioni a competizioni internazionali
       h)   da venerdì 8 giugno a martedì 12 giugno 2012: periodo per
due gare di qualificazioni a competizioni internazionali
       i)   martedì 4 giugno 2013: data per gare amichevoli
       j)   da venerdì 14 giugno a martedì 18 giugno 2013: periodo
per due gare di qualificazioni a competizioni internazionali

In allegato troverete il calendario aggiornato per gare internazionali per
dal 2010 al 2014, ivi comprese le suddette variazioni. Inoltre noterete che
l'ultima edizione del calendario ora indica le date esatte della CONCACAF
Gold Cup e della *Copa America* della CONMEBOL che si disputeranno
rispettivamente a giugno e luglio 2011. Allo stesso modo sono state incluse
ora nel calendario anche le date per il Campionato Europeo UEFA che si
disputerà in giugno-luglio 2012.

Infine, con particolare riferimento alle date addizionali incluse ora,
cogliamo l'occasione per rammentare i seguenti periodi di rilascio per i
quali i calciatori interessati devono essere messi a disposizione delle
rappresentative nazionali a scopo di preparazione secondo quanto stabilito
dall'allegato 1 art.1 par.4 del Regolamento per lo Status e il Trasferimento
dei Calciatori:
       h)   gare amichevoli: 48 ore;

i) gare di qualificazione per una competizione internazionale: 4 giorni (incluso il giorno gara). Il periodo di rilascio sarà da estendere a cinque giorni se la gara si disputa in una confederazione differente da quella in cui è iscritto il Club del calciatore;

j) gare di qualificazione per una competizione internazionale che sono fissate in una data riservata per gare amichevoli: 48 ore;

k) gare amichevoli fissate in una data riservata per gare di qualificazione per una competizione internazionale: 48 ore.Non esitate a contattarci per ogni quesito relativo a quanto sopra esposto. Vi ringraziamo per la vostra attenzione

AI MEMBRI DELLA FIFA

Circolare n. **1233**

N.B.
Non importante

Zurigo, 12 luglio 2010
SG/oon

Versione emendata del Regolamento sullo Status e sui trasferimenti dei calciatori e versione riveduta delle Norme a disciplina delle Procedure della Commissione Status dei calciatori e della Camera per la risoluzione delle controversie.

Gentili Signore, Egregi Signori,

Siamo lieti di informarVi che in occasione della recente riunione tenutasi a Johannesburg, Sudafrica il 6/7 giugno 2010, il Comitato Esecutivo FIFA ha approvato una serie di emendamenti al Regolamento sullo Status e sui trasferimenti dei calciatori (in prosieguo *Regolamento*) nonché alcuni lievi adattamenti alle Norme a disciplina delle Procedure della Commissione Status dei calciatori e della Camera per la risoluzione delle Controversie (in prosieguo *Norme Procedurali*). La presente contiene informazioni relative ai succitati emendamenti.

    k)   *Regolamento*

In allegato si invia per Vostra informazione e riferimento copia della versione emendata del Regolamento. La nuova edizione del Regolamento è disponibile anche sul sito Internet della FIFA all'indirizzo www.FIFA.com, dal quale ovviamente può essere scaricata. Le tre copie del Regolamento rilegate nel consueto opuscolo Vi saranno inviate a tempo debito.

Tutti gli emendamenti al Regolamento entreranno in vigore a partire dal 1 ottobre 2010.

    l)   *Nuovo Allegato 3 al Regolamento*

Innanzitutto, desideriamo sottolineare che la versione emendata del Regolamento contiene un Allegato 3 completamente nuovo che disciplina il sistema denominato *Transfer Matching System* (TMS). Il succitato Allegato, contenente 9 articoli, costituirà il quadro normativo per l'impiego del sistema TMS. A tale proposito, si precisa che, in linea di massima, i disposti di cui trattasi costituiscono una raccolta delle direttive e delle indicazioni che già disciplinavano l'impiego del sistema TMS negli ultimi 18 mesi. Le federazioni affiliate e le relative società avevano già ricevuto le necessarie istruzioni ed informazioni in ordine alle modalità di applicazione delle succitate direttive ed indicazioni.

L'Allegato descrive in modo chiaro e dettagliato il funzionamento del sistema ed il relativo ambito di applicazione (cfr. Articoli 1 e 2). Inoltre, lo stesso elenca gli utenti del sistema TMS (cfr. Articolo 3) e ne stabilisce i rispettivi obblighi (cfr. Articoli 4 e 5) e ruoli (cfr. Articoli 6 e 7).

La maggior parte dell'Allegato è dedicata alle procedure amministrative a disciplina dei trasferimenti dei professionisti tra associazioni (cfr. Articolo 8). A tale proposito, si sottolinea che per quanto attiene a questa specifica parte dell'utilizzo del sistema TMS, i relativi disposti vigono con carattere di obbligatorietà nei confronti di **tutti i trasferimenti internazionali dei calciatori professionisti di sesso maschile nell'ambito del calcio a undici** (cfr. Articolo 1 paragrafo 5). Laprocedura amministrativa vigente per tutti gli altri trasferimenti internazionali dei calciatori è disciplinata dall'Allegato 3a del Regolamento, che corrisponde fondamentalmente all'attuale Allegato 3 del Regolamento.

Infine, il nuovo Allegato 3 contiene anche il sistema di sanzioni relativo all'uso del sistema TMS (cfr. Articolo 9).

Per quanto attiene all'applicazione del nuovo Allegato 3, si sono resi necessari alcuni adattamenti marginali di natura puramente amministrativa ai seguenti articoli del Regolamento:

-
-

Articolo 6 paragrafo 2:

Articolo 9:

Periodi di tesseramento
Certificato di trasferimento internazionale

- Articolo 23 paragrafo 3:Commissione sullo status dei calciatori
- Allegato 4, Articolo 4 paragrafo 2: Costi di formazione

b) *Articolo 17 paragrafo 3 del Regolamento*

Al fine di uniformare la formulazione contenuta nell'Articolo 17 paragrafo 3 del regolamento alla vigente e consolidata giurisprudenza della Camera per la risoluzione delle controversie, relativamente all'applicazione delle sanzioni sportive imposte nei confronti di un calciatore, la parte pertinente del disposto in questione è stata riformulata.

c) *Allegato 1, Articolo 1 paragrafo 4 lettera b) del Regolamento*

Per quanto attiene all'obbligo in capo alle società di svincolare i calciatori per metterli a disposizione delle rispettive squadre nazionali anche durante il periodo di preparazione antecedente una partita internazionale, è stata inserita una specifica che disciplina il caso particolare dello svincolo dei calciatori prima delle cosiddette "date doppie". L'emendamento in questione è stato introdotto in relazione alla modifica, precedentemente deliberata, alle date elencate nel calendario degli incontri internazionali ed in particolare con riferimento alle "date doppie" affinché queste ultime coprissero il periodo venerdì/sabato/martedì invece del precedente periodo sabato/mercoledì (cfr. Circolare FIFA n. 1207 del 14 ottobre 2009).

d)   Articolo 24 del Regolamento

Al fine di favorire una maggiore armonizzazione tra le competenze del Giudice Unico della Commissione per lo stato dei calciatori e quelle del Giudice della Camera per la risoluzione delle controversie, i poteri quest'ultimo in ordine alla risoluzione di specifiche questioni sono stati definiti con maggiore precisione.

B)   *Norme procedurali*

In allegato si invia per Vostro riferimento una copia della versione riveduta delle Norme Procedurali. La nuova edizione è disponibile anche sul sito Internet della FIFA all'indirizzo www.FIFA.com, dal quale ovviamente può essere scaricata. Le tre copie delle Norme Proceduralirilegate nel consueto opuscolo Vi saranno inviate a tempo debito.

Ai disposti che seguono sono state apportate alcune modifiche di natura puramente linguistica ed amministrativa:

-

Articolo 4:

Composizione [della Commissione per lo status dei calciatori e della Camera per la risoluzione delle controversie].

- Articolo 13 paragrafo 1:Proposte dell'amministrazione FIFA
-Articolo 15 paragrafo 1Decisioni immotivate

C)   *Relazioni*

Infine, si inviano in allegato le tre relazioni presentate in occasione del 60° Congresso FIFA tenutosi a Johannesburg, Sudafrica, il 10 giugno 2010 che riguardano specifiche questioni di natura strategica e di politica sportiva. Le tre relazioni presentate in occasione del Congresso FIFA in corrispondenza della voce 11.1 dell'ordine del giorno intitolata: "aggiornamenti sulle decisioni adottate in occasione del Congresso 2009", si riferiscono a questioni strategiche e di politica sportiva in generale, (a cura del Sig. Juan-Angel Napout, Presidente della Federazione Calcio del Paraguay), allo stato dell'attuale revisione del regolamento in materia di agenti ed attività condotte tramite intermediari (a cura del Sig. Khaled Mortagy, Membro del Comitato FIFA per il calcio di società e del relativo gruppo di lavoro incaricato della revisione) e all'aggiornamento dei provvedimenti adottati in materia di tutela dei minori, incluso l'attuale stato del sistema TMS (a cura del Sig. Geoff Thomson, Presidente della Commissione per lo status dei calciatori FIFA). Siamo certi che leggerete le relazioni con vivo interesse.

Vi preghiamo di non esitare a contattarci qualora abbiate domande in relazione a quanto sopra esposto.

RingraziandoVi per la cortese attenzione, inviamo

Cordiali saluti

FEDERATION INTERNATIONALE
DE FOOTBALL ASSOCIATION

Jérôme Valcke
Segretario Generale

Allegati:c.s.

e.p.c.-Comitato Esecutivo FIFA
- Confederazioni
- Commissione per lo status dei calciatori
- Camera per la risoluzione delle controversie
- FIFPro

RELAZ
IONE

Presenta ta da:	Geoff Thompson, Presidente della Commissione per lo status dei calciatori
A:	60° Congresso FIFA, Johannesburg
Oggetto:	Punto 11.1 dell'Ordine del giorno
	Transfer Matching System FIFA e tutela dei minori

Transfer Matching System FIFA

Il Sistema denominato *Transfer Matching System* della FIFA è stato introdotto al Congresso FIFA del 2007 con lo scopo principale di migliorare la trasparenza e l'integrità dei trasferimenti internazionali. Il sistema è stato esteso ulteriormente per rispondere ad un altro obiettivo, ovvero la tutela dei minori. Attualmente, il sistema TMS è lo strumento utilizzato dalle federazioni per inoltrare le richieste di primo tesseramento o trasferimento dei minori in conformità alle esenzioni sancite nel regolamento FIFA.

Come indicato nella presente relazione, il sistema TMS della FIFA ha completato la fase 4 della sua applicazione a livello mondiale ed attualmente 196 federazioni, per un totale di circa 2.350 società, hanno ricevuto la formazione finalizzata all'utilizzo del sistema e lo stanno attivamente impiegando. Entro la fine del mese di settembre 2010 questa cifra è destinata ad aumentare per raggiungere le 208 federazioni ed un totale di circa 4.000 società in tutto il mondo. Ciascuna federazione affiliata è responsabile dell'iter formativo delle proprie società ed è tenuta a garantire che ciascun singolo trasferimento internazionale di calciatori che la riguardi venga presentato attraverso il sistema TMS. L'attuale numero di società iscritte ai programmi di formazione per società delle federazioni affiliate è pari a 1.900. Soltanto negli ultimi tre mesi, circa 300 società di tutto il mondo sono entrate a far parte del programma.

A partire dal 1 ottobre 2009, le società e le federazioni che hanno già partecipato ai seminari sul sistema TMS hanno dovuto impiegare questo strumento ai fini del rilascio dei Certificati di trasferimento internazionali elettronici. Tuttavia, i tradizionali CTI cartacei sono ancora validi per quei trasferimenti in cui alcune o tutte le parti interessate non abbiano ancora ricevuto l'opportuna formazione.

Nel mese di ottobre 2010, il sistema TMS sarà recepito dal Regolamento FIFA sullo Status ed il trasferimento dei calciatori ed inserito in un apposito allegato. A partire da tale data, i tradizionali CTI cartacei apparterranno al passato ed il sistema TMS diverrà l'unico strumento disponibile per la creazione ed il rilascio dei documenti di trasferimento dei calciatori professionisti.

Benché vi siano attualmente più di 8.600 disposizioni di trasferimento inserite nel sistema, occorre notare che per la maggior parte dei casi si tratta di trasferimenti inseriti durante i seminari di formazione sul sistema TMS. L'inserimento autonomo dei trasferimenti nel sistema da parte delle società fa si che l'uso del sistema TMS non risulti accurato. Pertanto, a partire dal mese di ottobre 2009 l'obiettivo comune è stato quello di garantire il rispetto delle regole di utilizzo generali del sistema TMS.

La finestra dei "tesseramenti invernali" 2009-10 ha visto un incremento dei trasferimenti inseriti nel sistema. In gran parte si è trattato di trasferimenti di alto valore inseriti correttamente. Tuttavia, in generale, soltanto il 21% dei trasferimenti stimati è stato effettivamente rappresentato nel sistema TMS attraverso l'elaborazione del CTI elettronico.

Di conseguenza, i rispetto dei requisiti e l'integrità restano il principale obiettivo del sistema TMS FIFA per il futuro. Oltre a continuare i programmi di formazione sull'uso del sistema destinati alle federazioni ed alle società, il sistema TMS sarà seguito con estrema attenzione anche dal Dipartimento Disciplina e *Governance* della FIFA, che si occuperà di rendere le federazioni e le società responsabili delle proprie azioni in materia di trasferimenti internazionali e tutela dei minori.

L'obiettivo finale di questo processo è quello di favorire l'incremento del livello di fiducia tra società, federazioni e FIFA in modo tale che la finalità originale del sistema TMS, approvata dai Congressi FIFA nel 2007 e 2009 possa essere raggiunta.

Quando la grande maggioranza dei tesseramenti dei giocatori internazionali verrà effettuata utilizzando il sistema TMS sarà possibile prendere in considerazione il raggiungimento del fine ultimo del programma, ovvero il miglioramento della trasparenza economica. Attualmente, è in corso uno studio di fattibilità sul ricorso alla "camera di compensazione".

Tutela dei minori

Sin dal mese di settembre 2001, la tutela dei minori ha rappresentato uno dei pilastri fondamentali del Regolamento sullo status ed i trasferimenti dei calciatori. La tutela dei minori è stata inserita tra i principi fondamentali dell'accordo stipulato nel marzo del 2001 tra la FIFA/EUFA e la Commissione Europea. L'accordo poneva fine alle obiezioni sul sistema dei trasferimenti internazionali sollevate da quest'ultima.

A seguito della dichiarazione resa in occasione del 59° Congresso FIFA del 2009, che sosteneva pienamente le misure adottate dal Comitato Esecutivo FIFA nel marzo del 2009, il 1 ottobre del 2009 sono entrati in vigore i seguenti emendamenti alle norme a disciplina della tutela dei minori:

> - istituzione di una **sottocommissione** della Commissione per lo status dei calciatori, incaricata dell'esame e dell'eventuale approvazione di ciascun trasferimento internazionale di calciatori minorenni o del primo tesseramento di un calciatore straniero minorenne che potrebbero risultare giustificati ai sensi di una delle tre eccezioni contemplate dal relativo regolamento;

- maggiore controllo sulle **accademie**, compreso in particolare l'obbligo di dichiarare tutti i giocatori minorenni che hanno frequentato l'accademia alla federazione sul cui territorio opera l'accademia medesima;

- aumento del valore dell'**indennità di formazione** per i giocatori di età compresa tra i 12 e i 15 anni in caso di trasferimento internazionale avvenuto prima del compimento del 18° anno di età.

La principale finalità dei provvedimenti succitati è quella di rafforzare ulteriormente gli sforzi compiuti dalla FIFA per tutelare i giovani calciatori dallo sfruttamento (economico) e creare dei deterrenti che contrastino il "furto" dei giovani talenti.

Come affermato in precedenza, la procedura che regola la richiesta di primo tesseramento ed il trasferimento internazionale dei minori si basa sulle eccezioni contenute nel Regolamento sullo status ed il trasferimento dei calciatori ed è gestita attraverso il sistema TMS.

Da quando la sottocommissione ha iniziato la propria attività, nell'ottobre del 2009, sono state inoltrate 652 richieste di approvazione da parte della sottocommissione tramite il sistema TMS, in conformità all'Articolo 19 paragrafo 2 del Regolamento e relativa giurisprudenza. Di queste, 118 richieste sono state respinte, 411 sono state accolte, 46 cancellate, 52 sono ancora in esame e 18 sono in attesa di giudizio.

In sintesi, è possibile affermare che la giurisprudenza dell'organo competente, ovvero la sottocommissione, in materia di tutela dei minori è estremamente rigorosa e risulta coerente con i principi adottati precedentemente dalla Commissione per lo status dei calciatori.

Per quanto attiene alla possibilità che una federazione chieda, in circostanze particolari, una esenzione limitata dall'obbligo di presentare la richiesta di approvazione di un giocatore minorenne alla sottocommissione, si noti che a tutt'oggi il numero di federazioni che ha presentato una istanza di questo tipo ammonta a 19. A tale proposito, si noti inoltre che a 12 federazioni è stata concessa l'esenzione a certe specifiche condizioni. Le restanti sette richieste sono ancora al vaglio.

RELAZ
IONE

Presenta ta da:	Juan Angel Napout, Presidente della Federazione calcio del Paraguay
A:	60° Congresso FIFA, Johannesburg
Oggetto:	Punto 11.1 dell'Ordine del giorno: relazione sui vari provvedimenti adottati in ordine a questioni di natura strategica e di politica sportiva.

In occasione del Congresso FIFA 2009 è stata approvata una risoluzione contenente vari elementi chiave in materia di pianificazione strategica e politica sportiva. La risoluzione riguardava essenzialmente i seguenti argomenti:

Tutela dei minori;

Estensione dei provvedimenti adottati in relazione alla regola 6+5;
Prosecuzione della lotta internazionale al doping;
Supporto alle iniziative intraprese da numerose federazioni e confederazioni affiliate per promuovere il fair play finanziario;
Supporto alla radicale riforma del sistema degli agenti dei calciatori.

Numerosi sono stati i progressi raggiunti i tutti i campi succitati. In prosieguo, vari esperti nei rispettivi campi forniranno aggiornamenti e relazioni sullo stato di avanzamento delle varie iniziative.

Geoff Thompson, membro del Comitato Esecutivo FIFA e Presidente della Commissione per lo status dei calciatori FIFA, esporrà il tema della tutela dei minori e del sistema denominato *Transfer Matching System* della FIFA.

Il Dr. Michel D'Hooghe, membro del Comitato Esecutivo FIFA e Presidente della Commissione Medica FIFA, ed il Prof. Jiri Dvorak *Chief Medical Officer* FIFA vi informeranno sugli sviluppi avvenuti nel campo del doping e nel settore medico. Infine, Khaled Mortagy, membro del Comitato FIFA per il calcio di società, esporrà una relazione sullo stato di avanzamento della radicale riforma che sta investendo il sistema degli agenti dei giocatori della FIFA.

Desidero iniziare la mia relazione sottolineando che non esiste un'unica soluzione a tutte le sfide che riguardano il calcio moderno. Soltanto adottando una serie di provvedimenti, sia di carattere generale che specifico, nei vari settori potremo raggiungere il nostro obiettivo finale, ovvero la salvaguardia dell'integrità del nostro sport.

Oltre alla tutela dei minori, all'introduzione del sistema *Transfer Matching System* FIFA ed alla riforma del sistema degli agenti FIFA, vi sono anche altri provvedimenti che rivestono un'importanza fondamentale. Tra questi:

1. __Idoneità a giocare per le squadre nazionali__

E' essenziale continuare a salvaguardare l'essenza del calcio nazionale e prevenire la naturalizzazione dei giocatori per motivi puramente sportivi e finanziari a breve termine, garantendo al contempo una certa flessibilità ai giocatori che godono della doppia cittadinanza.

La clausola secondo cui i calciatori che acquisiscono un nuovo passaporto devono aver risieduto nel relativo paese per un periodo di cinque anni dopo il compimento del 18 anno di età prima che la naturalizzazione abbia validità sportiva, è stata introdotta in occasione del Congresso FIFA 2008 tenutosi a Sidney e si è rivelata uno strumento efficace. L'annullamento del limite di età fissato a 21 anni per la richiesta del cambio di federazione da parte dei giocatori aventi la doppia cittadinanza è stato approvato in occasione del Congresso FIFA del 2009.

2. Camere nazionali per la risoluzione delle controversie (CNRC)

L'obiettivo di questo provvedimento consiste nel garantire una procedura corretta, equa e trasparente per la risoluzione delle cause di lavoro tra giocatori e società a livello nazionale, che rispecchi il modello della Camera per la risoluzione delle controversie FIFA creata nel 2003.

Il Regolamento a disciplina della Camera nazionale per la risoluzione delle controversie (CNRC) è stato promulgato affinché venisse attuato dalle federazioni affiliate (circolare n. 1129 del 28 dicembre 2007). Il ricorso alle CNRC è stato introdotto da un numero sempre maggiore di federazioni, ed è nostra intenzione incoraggiare tutte le altre federazioni che non hanno ancora provveduto in tal senso a contattare la FIFA, che sarà in grado di fornire loro tutta la necessaria assistenza per l'attuazione di questo progetto.

3. Early Warning System FIFA

Il sistema denominato *Early Warning System* è stato utilizzato per la prima volta dalla FIFA in occasione della Coppa del Mondo FIFA 2006 in Germania, nell'ambito di un progetto pilota. Il sistema ha lo scopo di monitorare eventuali attività sospette legate al mercato delle scommesse nel calcio.

Il progetto pilota è stato considerato un vero e proprio successo dalla FIFA che ha deciso di fornire il proprio sostegno alla *Early Warning System GmbH* (EWS), una società collegata indipendente fondata il 1 luglio 2007 allo scopo di controllare e monitorare il mercato delle scommesse internazionali nel calcio. La EWS è stata impiegata nuovamente in occasione delle partite di qualificazione per la Coppa del Mondo FIFA 2010.

Sin dalla sua creazione, la EWS si è fatta conoscere per le sue attività di verifica e controllo nel mercato delle scommesse sportive ed ha progressivamente esteso ed ottimizzato il proprio sistema attraverso una rete crescente di contratti e di accordi di collaborazione. Successivamente, alla EWS

è   stato commissionato il controllo delle Olimpiadi del 2008 a Pechino da parte del Comitato Olimpico Internazionale. (CIO).

Provvedimenti specifici per la Coppa del Mondo FIFA in Sudafrica

Tutte le partite della Coppa del Mondo FIFA 2010 in Sudafrica verranno monitorate dalla EWS la quale ha in essere contratti di collaborazione con più di 400 bookmaker ed organizzazioni del settore delle scommesse mondiale. Tutte queste organizzazioni hanno convenuto di notificare eventuali scommesse irregolari alla EWS. Inoltre, la EWF si occuperà di verificare ed analizzare il mercato delle scommesse sportive on-line utilizzando un complesso sistema tecnologico e si terrà in contatto con numerose unità investigative. Infine, gli esperti della EWF collaboreranno con una serie di fornitori di servizi e di specialisti alla compilazione di una serie di informazioni sul mercato delle scommesse attingendo a varie fonti.

Qui di seguito si elencano alcuni dei **provvedimenti specifici** che verranno adottati in occasione della Coppa del Mondo FIFA 2010. in Sudafrica:

-        controllo di tutte le partite della Coppa del Mondo FIFA 2010;

-        distribuzione a tutti i partecipanti (calciatori, dirigenti, membri di delegazione, arbitri) di un opuscolo contenente informazioni su scommesse, partite truccate (*match fixing*) e la EWF;

-        creazione di una linea telefonica dedicata a favore di soggetti potenzialmente interessati (ad es. calciatori, allenatori, arbitri, altri dirigenti FIFA);

-        tutti i partecipanti sono tenuti al rispetto del Codice Etico FIFA, del Codice Disciplinare FIFA, dello Statuto FIFA al fine di proteggere l'integrità delle partite;

-        gli organi di polizia di tutto il mondo forniranno la propria assistenza alla FIFA ed alla EWF mettendo a disposizione eventuali informazioni su sospette partite truccate (*match fixing*).

4.   Idoneità a giocare per le squadre delle società

L'obiettivo del controllo dell'idoneità a giocare per squadre di società è chiaro: proteggere i giovani giocatori, le società che offrono formazione ed il gruppo dei giocatori scelti per le squadre nazionali e salvaguardare al contempo la natura competitiva ed imprevedibile delle competizioni.

Le norme sancite devono essere di facile comprensione ed applicazione. Attualmente, la FIFA sta operando in stretta collaborazione con la UEFA, il CIO e le altre federazioni di sport a squadre internazionali al fine di decidere le modalità di definizione delle norme in questione.

In passato, si parlava della "regola del 6+5"- Tuttavia, la delicatezza e l'importanza di questa materia richiedono una soluzione concertata che disciplini i vari sport di squadra. Alla luce di questo nuovo approccio che mira a trovare una soluzione applicabile a tutti gli sport a squadre e non soltanto al calcio, il termine "6+5" appare troppo limitativo, mentre l'espressione "idoneità a giocare per squadre di società" sembra essere più adeguata.

La finalità della norma sarebbe quella di soddisfare entrambi i requisiti, ovvero l'idea iniziale della "regola del 6+5" da una parte e la norma UEFA del giocatore formato in casa dall'altra.

Sono certo che il progetto dell'idoneità a giocare per le squadre di società sarà messo a punto a livello mondiale nel prossimo futuro e sono altrettanto sicuro che lo stesso riuscirà a coinvolgere tutti gli sport a squadre che sembrano soffrire dello stesso identico problema.

Grazie alle misure sopra indicate ed a quelle esposte dal Sig. Geoff Thompson, dal Sig. Khaled Mortagy, dal Dott. Michel D'Hoohe e dal Prof. Jiri Dvorak, il calcio ha dimostrato di possedere i mezzi e le potenzialità per affrontare e superare tutte le sue sfide. Tuttavia,a una cosa risulta chiara, non bisogna perdere tempo, il nostro sport deve svilupparsi ed essere costantemente monitorato affinché sia possibile continuare a prevenire i metodi e le pratiche che possono minare l'integrità delle partite e delle competizioni o dar luogo ad abusi nell'ambito delle federazioni calcistiche.

RELAZ
IONE

Presenta ta da:	Khaled Mortagy, Membro del Comitato FIFA per il calcio di società
A:	60° Congresso FIFA, Johannesburg
Oggetto:	Punto 11.1 dell'Ordine del giorno: Riforma del sistema degli agenti dei calciatori / Relazione sui progressi del gruppo di lavoro della Comitato FIFA per il calcio di società

Sono lieto di inviarVi in allegato alla presente una breve relazione che riassume i progressi fatti dal gruppo di lavoro del Comitato FIFA per il calcio di società in relazione alla revisione del sistema degli agenti dei calciatori, basato sul principio dell'intermediazione.

Innanzitutto, vorrei offrire una breve panoramica del contesto in cui opera l'attuale sistema, delle modalità attuative e dei suoi punti deboìi.

L'attuale Regolamento a disciplina degli Agenti dei Calciatori FIFA è entrato in vigore il 1 gennaio 2008. La principale finalità del Regolamento era quella di fornire alla FIFA un maggiore controllo sull'attività degli agenti dei calciatori attraverso provvedimenti vincolanti a livello nazionale e sanzioni più severe in caso di inadempienza.

Dopo un attento ed approfondito esame dell'attuale sistema, sono state rilevate le seguenti carenze:

Ø   Il sistema della concessione di licenze agli agenti dei calciatori risulta inefficiente in quanto soltanto il 25-30% dei trasferimenti internazionali viene concluso utilizzando agenti in possesso di regolare licenza;

Ø   La procedura di concessione della licenza risulta di difficile attuazione per la FIFA e per le federazioni affiliate;

66

Ø   Il Regolamento FIFA risulta in conflitto con l'ordinamento nazionale di alcuni paesi (un problema che ha determinato cause legali contro la FIFA).

Ø   Presenza di alcuni meccanismi paralleli, come ad esempio agenti sprovvisti di licenza;

Ø   Presenza di una certa confusione nell'operare una differenziazione tra rappresentative delle società e agenti dei calciatori. Inoltre, risulta difficile comprendere chi sia tenuto a pagare gli onorari agli agenti.

Ø   La negoziazione dei contratti risulta complessa.

L'attuale Regolamento a disciplina degli agenti dei Calciatori FIFA è vincolante esclusivamente nei confronti dei soggetti direttamente o indirettamente affiliati alla FIFA, ovvero calciatori, società, agenti di calciatori in possesso di licenza e federazioni affiliate. In realtà però, altri soggetti risultano coinvolti nel processo di trasferimento dei calciatori, attraverso persone giuridiche, parenti, consulenti legali e agenti di calciatori non in possesso di licenza. Tali soggetti infatti risultano sempre più coinvolti in queste attività. Poiché la giurisdizione della FIFA riguarda elusivamente i soggetti ad essa affiliate, il controllo delle parti al di fuori del sistema attualmente in vigore risulta impossibile.

In virtù delle succitate difficoltà riscontrate nell'ambito dell'attuale sistema, e sulla base dei fatti sottoposti all'esame, il 59° Congresso FIFA tenutosi il 3 giugno 2009 ha deciso di avviare una radicale riforma del sistema degli agenti dei calciatori introducendo una nuova impostazione basata sul concetto degli intermediari ed a seguito di approfonditi colloqui con le società ed i rappresentanti dei calciatori. Un gruppo di lavoro del Comitato FIFA per il calcio di società, composto da rappresentanti di società e FIFPro, è stato incaricato di tale riforma.

Allo scopo di eliminare le carenze dall'attuale sistema, il gruppo di lavoro sta attualmente svolgendo un'approfondita analisi al fine di trovare una possibile soluzione al problema che coinvolga le parti che risultino collegate ed affiliate alla FIFA, le confederazioni e le associazioni affiliate, ovvero le società ed i calciatori. L'eventuale nuova impostazione potrebbe prevedere la regolamentazione della condotta delle società e dei calciatori, estendendo l'ambito applicativo del regolamento a tutti i tipi di intermediari. In altre parole, il regolamento metterebbe fine ai tentativi di regolamentare l'accesso alle attività e provvederebbe esso stesso a disciplinare la materia. In tal modo, i calciatori e le società potrebbero scegliere qualsiasi soggetto in qualità di intermediario optando tra persone giuridiche, consulenti legali, parenti o coniugi, ecc. a condizione che gli stessi rispondano a determinati criteri e principi. Questo tipo di impostazione annullerebbe di fatto l'attuale sistema di concessione delle licenze.

Nel prosieguo della presente relazione, verrà fornita una spiegazione dei progressi raggiunti finora dal gruppo di lavoro della Comitato FIFA per il calcio di società.

A tutt'oggi, il gruppo di lavoro si è incontrato quattro volte (a luglio, settembre e novembre 2009 e a maggio 2010). Durante le riunioni è stato stabilito che l'obiettivo della revisione del sistema che disciplina l'attività degli agenti non è quello di "deregolamentare" la professione. Al contrario, lo scopo della revisione è quello di perseguire un maggiore controllo sui soggetti che rappresentano i calciatori e/o le società al fine di negoziare o rinegoziare i contratti di lavoro o rappresentare le società nell'ambito delle trattative volte alla stipula di un accordo di trasferimento.

Inoltre, dall'analisi delle realtà in costante mutamento che caratterizzano gli attuali rapporti tra i calciatori e le società, il gruppo di lavoro ha stabilito che gli aspetti indicati a continuazione dovranno essere tenuti in debita considerazione in sede di stesura di un nuovo regolamento basato sul concetto dell'intermediazione.

∅   Trasparenza: registrazione degli intermediari, creazione di un sistema di registrazione degli intermediari o di una banca dati a cura delle federazioni, divulgazione e pubblicazione degli aspetti economici delle operazioni che coinvolgono gli intermediari;

Ø   Valore degli onorari: riduzione degli onorari corrisposti agli intermediari; determinazione dei soggetti che pagano gli intermediari (società o calciatori) e percentuale degli onorari. Assenza di rapporti tra la quota di trasferimento corrisposta dalle società e le commissioni pagate agli intermediari;

Ø   Conflitto d'interessi: divulgazione delle informazioni a cura delle parti;

Ø   Formazione: la formazione dei giocatori a partire dalla giovane età è essenziale al fine di ridurre gli onorari degli intermediari.

A tale proposito, e tenuto conto di quanto sopra indicato, il gruppo di lavoro ha redatto una relazione delineando l'eventuale futuro "Regolamento delle attività condotte con intermediari", che incorpora il concetto degli intermediari e disciplina la condotta dei calciatori e delle società che ricorrono ai servizi di un intermediario per negoziare o rinegoziare un contratto di lavoro o per concludere un accordo di trasferimento. La versione preliminare prevede anche quanto segue:

Ø   Applicazione del regolamento ai calciatori ed alle società che ricorrono ai servizi degli intermediari;
Ø   Assenza di collegamenti tra gli intermediari e la FIFA;

Ø   Contratto scritto tra intermediari e società/calciatori;

Ø   Conflitto d'interessi;

Ø   Registrazione degli intermediari (a cura dell'associazione affiliata sulla base delle informazioni fornite dalle rispettive società affiliate e/o giocatori tesserati);

Ø   Pagamenti (tra cui contributi di solidarietà, indennità di formazione e quote di trasferimento) da una società ad un'altra;

Ø   Assenza di pagamento di commissioni agli intermediari nel caso in cui il cliente sia minorenne;

Ø   Abrogazione dell'attuale Regolamento FIFA in materia di agenti dei calciatori;

Il gruppo di lavoro prevedere di mettere a punto la versione preliminare nei prossimi mesi e di presentarla all'approvazione del Comitato FIFA per il calcio di società, della Commissione sullo Status dei Calciatori e della Commissione Giuridica entro la fine del 2010. La data proposta per l'attuazione del nuovo regolamento è fissata per la seconda metà del 2011 (dopo la relativa approvazione da parte del Comitato Esecutivo FIFA e dopo l'approvazione di eventuali emendamenti allo Statuto FIFA da parte del 61 Congresso FIFA che si terrà a maggio o a giugno del 2011).

Ci auspichiamo che le informazioni presentate in merito alle attuali misure adottate per riformare il sistema degli agenti dei calciatori FIFA siano state di Vostro interesse.

AI MEMBRI DELLA FIFA

Circolare n. **1249**

Zurigo, 6 dicembre 2010
SG/oon

**Regolamento sullo status e sul trasferimento dei
calciatori: indennità di formazione e classificazione delle
società**

Gentile Signora/Signore,

In riferimento all'oggetto della presente, abbiamo il piacere di
informarLa che in occasione della riunione tenutasi presso la sede della
FIFA il 28 e 29 ottobre 2010, il Comitato Esecutivo della FIFA ha
convenuto di portare all'attenzione delle federazioni affiliate alcuni

71

principi e criteri guida di cui tenere conto quando provvederanno a classificare le società affiliate ai fini delle indennità di formazione.

L'Allegato 4, art. 4 comma 1 del Regolamento sullo status e sul trasferimento dei calciatori recita quanto segue:

> *"Al fine di calcolare l'indennità dovuta per i costi di formazione e istruzione, le Federazioni devono classificare le loro società in un massimo di quattro categorie a seconda degli investimenti finanziari sostenuti per la formazione dei calciatori"*.

Dopo aver consultato tutte le parti interessate, ossia le federazioni, le società e le leghe, nonché le associazioni di categoria dei calciatori, la FIFA ha provveduto ad assegnare le categorie disponibili alle varie federazioni affiliate. Tutte le federazioni sono informate a scadenza annuale della relativa collocazione mediante lettera circolare. La comunicazione più recente di questo tipo è stata diramata il 29 aprile 2010 mediante circolare n. 1223.

Le basi per assegnare le varie società alle differenti categorie di formazione sono state formulate originariamente nel Regolamento di attuazione del Regolamento sullo status e sul trasferimento dei calciatori (edizione 2001), per poi essere riportate all'attenzione delle federazioni affiliate con la circolare n. 799 del 19 marzo 2002.

Benché non siano più esplicitamente inseriti nel Regolamento sullo status e sul trasferimento dei calciatori, i relativi principi sono tuttora validi e non hanno subito alcuna modifica negli ultimi anni. Di conseguenza, nell'assegnare le società alle varie categorie di formazione disponibili, le federazioni devono procedere nel pieno rispetto dei seguenti criteri:

Categoria 1 (livello massimo, ossia centro di formazione di alto livello):
   1) tutte le società di calcio di Serie A delle federazioni affiliate che investono mediamente importi simili nella formazione dei calciatori.

Categoria 2 (professionisti, ma a un livello inferiore):

m) Tutte le società di Serie B delle federazioni affiliate nella categoria 1 e tutte le società di Serie A in tutti gli altri paesi in cui il calcio è uno sport professionistico.

Categoria 3
- Tutte le società di terzo livello delle federazioni affiliate nella categoria 1 e tutte le società di Serie B in tutti gli altri paesi in cui il calcio è uno sport professionistico.

Categoria 4
c) Tutte le società di quarto livello e dei campionati inferiori delle federazioni affiliate nella categoria 1, tutte le società di terzo livello e dei campionati inferiori in tutti i paesi in cui il calcio è uno sport professionistico e tutte le società nei paesi in cui il calcio viene giocato solo a livello amatoriale.

Questi criteri guida sono caratterizzati da un certo grado di flessibilità. Ad esempio, una società che milita in una serie inferiore può essere posta in una categoria con le società appartenenti a un campionato superiore ove tale società abbia effettuato investimenti analoghi a quelli di tali società nella formazione dei giovani calciatori.

Inoltre, il Comitato Esecutivo della FIFA prende atto che negli ultimi tempi la Camera di Risoluzione delle Controversie della FIFA è intervenuta per dirimere un numero crescente di vertenze che hanno evidenziato una palese discrepanza fra i succitati criteri di riferimento e l'assegnazione effettiva di una data società di calcio (ad es. società di Seria A di federazioni senza centri di formazione di alta qualità ma con campionati di calcio professionistico assegnate alle categorie 3 o persino 4 invece della categoria 2). Questa tendenza è stata osservata in rapporto alla modifica del Regolamento sullo status e sul trasferimento dei calciatori, in virtù della quale, in linea generale, per calcolare l'indennità di formazione dovuta alla società di provenienza, è necessario considerare i costi che avrebbe sostenuto la società di destinazione ove si fosse fatta carico della formazione del calciatore (cfr. Allegato 4, art. 5 comma 1 del Regolamento in materia). Inoltre, l'Allegato 4, art. 2 comma 2 ii del suddetto Regolamento statuisce che non è dovuta alcuna indennità di formazione se il calciatore viene trasferito a una società di categoria 4.

Nei casi in cui la discrepanza appare evidente, la Camera di Risoluzione delle Controversie di norma applica la categoria di

73

formazione in conformità con i criteri guida, anche se la federazione affiliata interessata ha indicato una diversa classificazione.

Alla luce di quanto detto, e pur sottolineando che una corretta classificazione delle varie società è indispensabile per un'attuazione equa e funzionale di tutto il sistema delle indennità di formazione, il Comitato Esecutivo della FIFA ha ritenuto opportuno diramare una direttiva con cui autorizza la Camera di Risoluzione delle Controversie a sottoporre la questione in essere all'attenzione della Commissione Disciplinare della FIFA per condurre le ulteriori indagini del caso, ove la Camera di Risoluzione delle Controversie ritenga che il sistema sia stato travisato in modo evidente e sistematico.

La ringraziamo per la gentile attenzione che vorrà accordarci.

Distinti saluti,

Annotazione
Questa circolare integra con la classificazione delle categorie l'allegato 4, l'indennità di formazione e classificazione delle società

Alle affiliate FIFA

e alle confederazioni

Circolare nr. 1270

Zurigo 21 luglio 2011
SG/mca

Modifiche al Codice disciplinare FIFA

Spett.le Federazione,

con la presente siamo a richiamare la Vostra attenzione sulle seguenti modifiche apportate al Codice disciplinare FIFA (CDF) in occasione della riunione del Comitato Esecutivo della FIFA tenutosi a Zurigo, Svizzera, il 30 maggio 2011.

Le modifiche riguardano principalmente adattamenti di natura grammaticale nelle versioni inglese e francese, nonché un adattamento del CDF alla giurisprudenza. Sono state effettuate anche alcune modifiche al contenuto del CDF, con particolare riferimento a quanto riportato di seguito.

Art. 61 del CDF

Poiché a volte potrebbe risultare impossibile individuare la persona fisica che ha commesso un atto di contraffazione, il nuovo CDF ora consente alla Commissione disciplinare della FIFA di comminare una sanzione nei confronti della federazione o del club ritenuti responsabili di un atto di falsificazione commesso da uno dei propri dirigenti e/o calciatori.

Art. 64 del CDF

In aggiunta all'adattamento alla giurisprudenza relativo alla sanzione, il campo di applicazione dell'Art. 64 del CDF riguardo all'attuazione delle decisioni assunte dal Tribunale Arbitrale dello Sport (TAS) ora si limita esclusivamente a quei casi che siano stati trattati in precedenza da un organo o comitato della FIFA.

Inoltre, in virtù del fatto che non solo le persone fisiche e i club ma anche le federazioni affiliate possono essere considerati trasgressori, il nuovo CDF ora prevede un disposto esplicito applicabile alle federazioni.

Infine, allo scopo di estendere alle federazioni la responsabilità di attuare le decisioni, è stato aggiunto un disposto al CDF, in base al quale la federazione dell'organo decisionale si farà carico di attuare eventuali decisioni di carattere economico ed extra economico che fossero pronunciate nei confronti di un club da un tribunale arbitrale nell'ambito della federazione competente, ovvero da una Camera nazionale per la risoluzione delle controversie, entrambi i quali dovranno essere riconosciuti dalla FIFA. Lo stesso principio si applica alle decisioni di carattere economico ed extra economico pronunciate nei confronti di una persona fisica, con la leggera ma sostanziale differenza che nel caso in cui la persona fisica sia tesserata (ovvero abbia comunque stipulato un contratto, nel caso di un allenatore) presso un club nel frattempo affiliato a un'altra federazione, la nuova federazione dovrà fari carico dell'attuazione della relativa decisione.

Procedura dinanzi alla Commissione d'appello della FIFA

Infine, il CDF è stato modificato affinché i procedimenti dinanzi alla Commissione d'appello della FIFA possano essere intrapresi, ove opportuno, in maniera più celere (cfr. nuovo Art. 120, comma 4 e Art. 123, comma 1 del CDF), come ad esempio durante i tornei delle fasi finali.

Il nuovo Codice disciplinare della FIFA entrerà in vigore a partire dal 1 agosto 2011.

Ringraziandovi dell'attenzione, mi è gradita l'occasione per porgerVi i miei più cordiali saluti.

FEDERATION INTERNATIONALE
DE FOOTBALL ASSOCIATION

Jérôme Valcke
Segretario Generale

All.: Codice disciplinare della FIFA

cc.:Comitato Esecutivo FIFA
        Commissione disciplinare FIFA
        Commissione d'appello FIFA
        TAS

        Annotazione
        Questa circolare modifica gli articoli 61 e 64 del CDF

Alle affiliate FIFA

Circolare nr. 1297
N.B.
Non importante

Zurigo 19 aprile 2012
SG/mav/oon

**Messa a disposizione dei calciatori per le rappresentative
nazionali: torneo olimpico maschile di calcio**

Spett.le Federazione,

con riferimento a quanto in oggetto, siamo lieti di comunicarVi la
decisione adottata dal Comitato Esecutivo della FIFA in occasione della
recente riunione tenutasi presso la sede della FIFA a Zurigo, Svizzera, il
29-30 marzo 2012.

In conformità all'Allegato 1, Art. 1, commi 1 e 2 del Regolamento sullo
status e sul trasferimento dei calciatori (per brevità, il "Regolamento"), i
club hanno l'obbligo di mettere a disposizione i loro calciatori tesserati per
l'assolvimento di obblighi internazionali legati allo svolgimento degli
incontri fissati per le date indicate nel calendario degli incontri
internazionali "*e per tutti gli incontri in ordine ai quali sussista un obbligo
di rendere disponibili i calciatori **sulla base di una decisione** speciale
adottata dal Comitato Esecutivo della FIFA"* (è stata aggiunta un'enfasi;
cfr. Allegato, 1,Art. 1, comma 2, parte finale, del Regolamento).

In virtù del suddetto disposto, il Comitato Esecutivo della FIFA ha
deciso di rendere obbligatoria la messa a disposizione di tutti i calciatori
Under 23 debitamente convocati a favore delle rispettive federazioni
nazionali, affinché essi posano partecipare al Torneo olimpico maschile di
calcio di Londra 2012, nonché al Torneo olimpico maschile di calcio di
Rio de Janeiro nel 2016.

Siamo pertanto a chiederVi di informare tempestivamente i club
interessati, affiliati alla Vostra federazione, in merito alla suddetta
decisione.

Al fine di evitare fraintendimenti, si precisa che la suddetta decisione speciale assunta dal Comitato Esecutivo della FIFA non riguarda i tre calciatori fuori quota (over 23) aventi diritto a partecipare al Torneo olimpico maschile di calcio.

Tuttavia, relativamente a questi ultimi calciatori, come sempre la FIFA fa appello a tutti gli attori che partecipano alla vita dei club affinché abbraccino lo spirito di solidarietà che muove la famiglia calcistica e rendano disponibili anche questi calciatori, soprattutto considerando l'opportunità unica che questa competizione offre loro. Essa darà loro l'occasione di acquisire un'esperienza di livello internazionale che non mancherà di dare i suoi frutti negli anni a venire. È lecito quindi pensare che a beneficiare di questa esperienza non saranno solo il calciatore e la sua nazionale, ma anche il club di appartenenza.

Ringraziandovi dell'attenzione e della preziosa collaborazione, mi è gradita l'occasione per porgerVi i miei più cordiali saluti.

FEDERATION INTERNATIONALE
DE FOOTBALL ASSOCIATION

Jérôme Valcke
Segretario Generale

ALLE FEDERAZIONI AFFILIATE FIFA

Circolare nr. **1299**

Zurigo, 27 aprile 2012
SG/mav/oon

Oggetto:

Regolamento sullo status e sui trasferimenti dei calciatori: categorizzazione dei club e periodi di tesseramento

Spett,le Affiliata,

‐
    come ogni anno, si richiama ancora una volta l'Allegato 4, e in particolare l'Art. 4 dell'Allegato del Regolamento sullo status e sui trasferimenti dei calciatori (per brevità, il "Regolamento"), nonché l'Art. 6, commi 1 e 2 del Regolamento che disciplina l'indennità a favore dei club per la formazione dei giovani calciatori, ai sensi del quale i club vengono classificati in categorie e vengono fissati i periodi di tesseramento nell'ambito della federazione di appartenenza.

‐
    A tale riguardo, si richiama altresì l'Allegato 3 del Regolamento, e in particolare l'Art. 5.1, commi 1 e 2, sottolineando che a seguito dell'attuazione del Transfer Matching System (TMS), ormai divenuto obbligatorio per tutte le federazioni affiliate alla FIFA, la notifica dei periodi di tesseramento previsti dalla federazione di appartenenza, nonché la categorizzazione dei club che aderiscono al TMS nelle modalità previste dalla federazione medesima, attualmente avvengono esclusivamente attraverso il sistema TMS. Per i club che non aderiscono al sistema TMS (come nel caso dei club puramente dilettantistici), la notifica della categorizzazione deve essere avviata tramite comunicazione scritta al Dipartimento sulla governance e sullo status dei calciatori della FIFA.

‐
   1.Indennità di formazione

Relativamente all'**indennità di formazione** , il Regolamento prevede che ciascuna federazione classifichi i propri club in categorie diverse, a seconda dell'entità della spesa che ciascun club destina alla formazione dei giovani calciatori. La categoria specificata deve essere rivista con scadenza annuale. Nella tabella in allegato vengono riportate le categorie in cui le federazioni facenti capo a ciascuna confederazione devono suddividere i propri club e viene altresì indicato l'importo dell'indennità applicabile alle varie categorie di club all'interno di ciascuna confederazione.

Anche in questa occasione, è opportuno accertarsi che i propri club siano classificati all'interno delle categorie indicate nella tabella. Qualora tutti i club rientrassero nella categoria IV, non sarà necessario procedere ad alcuna classificazione. La FIFA pubblicherà l'indennità di formazione prevista per le varie categorie e le classificazioni dei club di ciascuna federazione sul sito ufficiale della FIFA.

Ogni federazione è pregata di inserire nel sistema TMS i dati relativi alla categorizzazione dei propri club affiliati **entro e non oltre il 2 luglio 2012**. Evitare di usare qualsiasi altra forma o modalità per comunicare la categorizzazione dei propri club, salvo il caso in cui il club non risulti in elenco nel TMS. In questo caso, la notifica della categorizzazione per mezzo di comunicazione scritta da presentarsi al Dipartimento sulla governance e sullo status dei calciatori della FIFA dovrà essere presentata entro lo stesso termine. Per quanto riguarda i club che aderiscono al TMS, si precisa che soltanto le categorizzazioni dei club presenti nel TMS saranno prese in considerazione, con l'intesa che in caso di discrepanze tra la categorizzazione presente nel sistema TMS e la categorizzazione inviata con altro mezzo da parte di un club aderente al sistema TMS, farà fede la prima.

A tal fine, si sottolinea che qualora la categorizzazione dei propri club affiliati non venisse effettuata utilizzando il sistema TMS entro il termine succitato, saranno prese in esame ulteriori azioni volte ad imporre misure adeguate nei confronti delle federazioni inadempienti, con particolare riferimento alla procedura di sanzioni amministrative TMS della FIFA, di cui alla circolare nr. 1259 del 7 aprile 2011.

2.Periodi di tesseramento

Inoltre, ciascuna federazione è pregata di inserire nel TMS - **entro e non oltre il 2 luglio 2012** - i due **periodi di tesseramento** annuali che la stessa ha stabilito in conformità all'Art. 6, commi 1 e 2 del Regolamento, ovvero, nel caso in cui la stagione corrente della federazione termini successivamente a tale data, il giorno immediatamente successivo all'ultimo giorno della stagione corrente. Evitare di usare qualsiasi altra forma o modalità per comunicare i periodi di tesseramento della propria federazione. In particolare, non rispondere per iscritto alla presente circolare. Si precisa che tutte le federazioni sono tenute a specificare periodi di tesseramento generali, a prescindere dallo stato dei rispettivi club affiliati o dall'attività di trasferimento svolta ad oggi.

Conformemente all'Art. 6, comma 2, unitamente all'Art. 5.1 dell'Allegato 3 del Regolamento, i due periodi di tesseramento relativi alla stagione dovranno essere comunicati alla FIFA attraverso il TMS almeno 12 mesi prima della relativa entrata in vigore. Di conseguenza, la federazione deve provvedere, entro il termine suindicato, ad inserire nel TMS tutti i periodi di tesseramento previsti almeno fino al 31 dicembre 2013.

A tale riguardo, si precisa che l'Art. 6, comma 2 del Regolamento prevede che il primo periodo di tesseramento inizi dopo il completamento della stagione e, di norma, termini prima dell'inizio della nuova stagione. Questo periodo non può superare le **dodici settimane**. Il secondo periodo di tesseramento normalmente si concretizza a metà della stagione e non può superare le **quattro settimane**. Tuttavia, relativamente al secondo periodo di tesseramento, nella pratica fino ad ora è stato riconosciuto un periodo di un mese solare (e quindi leggermente superiore alle quattro settimane). La FIFA non consente la proroga di questi limiti per motivi organizzativi o di qualsiasi altra natura.

N.B.
Nel definire i periodi di tesseramento, è opportuno prestare particolare attenzione alla data di conclusione. Qualora questa coincidesse con un giorno festivo o non lavorativo nel paese di appartenenza, non sarà possibile estendere la durata del relativo periodo di tesseramento al primo giorno lavorativo successivo se a seguito di tale eventuale proroga la durata complessiva del periodo di tesseramento in questione supera la durata massima descritta in precedenza.

Qualora la federazione non provvedesse ad effettuare la notifica dei propri periodi di tesseramento tramite il TMS nella scadenza prevista, la FIFA si riserva di indicare le date entro cui provvedere in tal senso. Inoltre, saranno prese in esame ulteriori azioni volte ad imporre misure adeguate nei confronti delle federazioni inadempienti, con particolare riferimento alla succitata circolare nr. 1259. Rispettare i periodi di tesseramento è fondamentale ai fini dell'attuazione del Regolamento e, pertanto, non saranno ammesse eccezioni a tale norma.

Si sottolinea che compete al dirigente TMS di ciascuna federazione accertarsi che i relativi periodi di tesseramento siano opportunamente inseriti nel sistema, nel rispetto delle decisioni della federazione. Saranno prese in considerazione soltanto le date indicate nel TMS, a prescindere da eventuali comunicazioni divergenti rese al di fuori del TMS.

Si precisa altresì che il dirigente TMS della federazione è responsabile anche della correttezza dei dati inseriti nel sistema. In circostanze eccezionali, il dirigente TMS ha la facoltà di modificare le date di un periodo di tesseramento, a condizione tuttavia che il periodo di tesseramento interessato non sia ancora iniziato. Non è possibile apportare alcuna variazione una volta che il periodo di tesseramento inserito nel TMS è iniziato. È tacito che il sistema consente di inserire soltanto periodi di tesseramento che risultano conformi ai disposti dell'Art. 6, comma 2 del Regolamento.

A tal fine, si evidenzia che ai sensi dell'Art. 9.1, comma 3 dell'Allegato 3 del Regolamento, le federazioni sono responsabili delle azioni e delle informazioni inserite dai rispettivi dirigenti TMS.

N.B.
Infine, in via marginale, si comunica che qualora la propria federazione desiderasse stabilire dei periodi di tesseramento separati per le proprie competizioni puramente dilettantistiche, ossia quelle competizioni in cui partecipano soltanto i dilettanti, la stessa dovrà comunicare alla FIFA, secondo quanto previsto dall'Art. 6, comma 4 del Regolamento, le relative date a mezzo corrispondenza, fermo restando il termine ultime del 2 luglio 2012. In realtà, tali eventuali periodi di tesseramento non possono essere inseriti nel TMS.

A disposizione per qualsiasi chiarimento in merito a quanto suesposto, si ringrazia per la collaborazione e si inviano cordiali saluti.

FEDERATION INTERNATIONALE
DE FOOTBALL ASSOCIATION

[firma autografa]

Segretario Generale
Jérôme Valcke

Annotazione
Questa circolare integra l'indennità di formazione e i periodi di tesseramento

Costi di formazione e categorizzazione dei club per l'anno 2011

I costi di formazione elencati di seguito vengono definiti in base alle confederazioni per ciascuna categoria dei club. Conformemente all'Allegato 4, Art. 4, comma 2, del Regolamento sullo status e sul trasferimenti dei calciatori, questi costi di formazione vengono aggiornati alla fine di ogni anno solare.

Confederazione	Categoria 1	Categoria 2	Categoria 3	Categoria 4
AFC		$ 40.000	$ 10.000	$ 2.000
CAF		$ 30.000	$ 10.000	$ 2.000
CONCACAF		$ 40.000	$ 10.000	$ 2.000
CONMEBOL	50.000	$ 30.000	$ 10.000	$ 2.000
OFC		$ 30.000	$ 10.000	$ 2.000
UEFA	90.000	$ 60.000	$ 30.000 —	$ 10.000

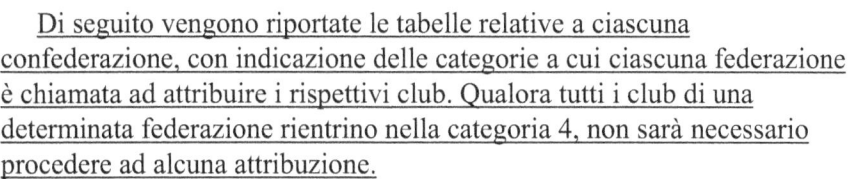

Di seguito vengono riportate le tabelle relative a ciascuna confederazione, con indicazione delle categorie a cui ciascuna federazione è chiamata ad attribuire i rispettivi club. Qualora tutti i club di una determinata federazione rientrino nella categoria 4, non sarà necessario procedere ad alcuna attribuzione.

Indice

ALLE FEDERAZIONI AFFILIATE ALLA FIFA

Circolare nr. **1327**

Zurigo, 2 novembre 2012

SG/OON

Oggetto:modifiche e integrazioni al Regolamento per lo status e il trasferimento dei calciatori e versione rivista del

Regolamento per le procedure della commissione per lo status dei calciatori e della Camera di risoluzione delle controversie

Spett.le Federazione,

Con la presente siamo a comunicarVi che in occasione della recente riunione tenutasi a Zurigo, Svizzera, in data 27 settembre 2012, il Comitato Esecutivo della FIFA ha approvato una serie di emendamenti al Regolamento per lo status dei calciatori (nel prosieguo, per brevità, il «Regolamento»), unitamente ad alcuni adattamenti di poco rilievo apportati al Regolamento per le procedure della commissione per lo status dei calciatori e della Camera di risoluzione delle controversie (nel prosieguo, per brevità, le «Norme procedurali»). Di seguito vengono riportate le relative modifiche/integrazioni.

- *A) Il Regolamento*

In allegato troverete una copia della versione modificata del Regolamento, affinché possiate prenderne visione e custodirla nei vostri archivi. La nuova edizione del Regolamento è disponibile anche sul sito web della FIFA (www.FIFA.com), dove naturalmente è possibile scaricarne una copia in formato elettronico. A tempo debito, il Regolamento sarà spedito in triplice copia nel consueto formato opuscolo.

- Tutti gli emendamenti andranno in vigore a partire dal 1 dicembre 2012.

a)Art. 1 par. 4 del Regolamento

È stata apportata una modifica di piccola entità, di natura puramente tecnica, al disposto in esame.

b)Art. 12 del Regolamento

Questo disposto ha subito una modifica sostanziale finalizzata a porre fine all'attuale mancanza di chiarezza e quindi a garantire una maggiore sicurezza legale. La modifica apportata dovrebbe consentire nel contempo alla FIFA di esercitare un controllo maggiore sulle sanzioni disciplinari particolarmente lunghe comminate a livello nazionale.

c)Art. 7 par. 4 del Regolamento

La modifica ha introdotto ulteriore chiarezza, nell'intento di allineare la formulazione del disposto in questione alla lunga e consolidata tradizione giurisprudenziale della Camera di risoluzione delle controversie (CRC). Parimenti, l'emendamento apportato ha lo scopo di prevenire ogni possibile escamotage in relazione all'esecuzione delle sanzioni sportive.

d)Allegato 1 art. 1 par. 1 del Regolamento

è stato apportato un adattamento in considerazione del nuovo Regolamento a disciplina degli incontri internazionali, entrato in vigore il 1 agosto 2011.

e)Allegato 1 art. 1 par. 4(e) del Regolamento

Al fine di evitare frequenti fraintendimenti, al disposto in esame è stato apportato un adattamento di natura puramente linguistica.

f)Allegato 1 art. 2 nuovo paragrafo 4 del Regolamento

La modifica introdotta in questo disposto fornisce la necessaria base normativa ai fini dalla corretta attuazione del Programma di protezione dei club (PPC).

g)Allegato 1 art. 3 par. 2 del Regolamento

Il testo del disposto è stato allineato rispetto all'interpretazione e alla prassi ormai ben consolidate.

  h) Allegato 2 del Regolamento: Procedura relativa alle domande di primo trasferimento e di trasferimento internazionali dei minori;

  Allegato 3 del Regolamento: Sistema di controllo dei trasferimenti (TMS)

Un emendamento importante dell'Allegato 3 del Regolamento è rappresentata dalla modifica del numero di giorni che la federazione dovrà attendere prima di procedere al tesseramento provvisorio di un calciatore in seguito al mancato ricevimento di una risposta alla relativa richiesta di Certificato di trasferimento internazionale (CTI) . A questo riguardo, la nuova federazione potrà tesserare provvisoriamente il calciatore qualora non abbia ricevuto risposta alla richiesta di CTI entro 15 giorni dalla data di presentazione della stessa.

Inoltre, sulla base dell'esperienza acquisita in seguito all'introduzione del sistema di Controllo dei trasferimenti (TMS), gli Allegati 2 e 3 hanno subito ulteriori modifiche di carattere tecnico e formale, che non toccano gli aspetti sostanziali degli articoli interessati. Le modifiche in questione sono finalizzate a rendere più chiari i vari disposti e a rendere il testo dei suddetti Allegati del Regolamento più consono quelle che sono le prassi effettivamente applicate.

    i)   Allegato 4 art. 3 par. 3 del Regolamento; Allegato 5 art. 2, par. 3 del Regolamento

La nuova formulazione è intesa ad allineare il testo alla giurisprudenza consolidata della CRC, alla creazione di un chiaro quadro di riferimento giuridico e a rendere più semplice e diretta l'applicazione delle disposizioni, preservando e rispettando allo stesso tempo lo spirito dell'indennità di formazione e del meccanismo di solidarietà, intesi come ricompense destinate ai club che investono nella formazione calcistica e nell'istruzione di giovani calciatori.

    B)   Norme procedurali

In allegato troverete una copia della versione rivista delle Norme procedurali, affinché possiate prenderne visione e archiviarla nei vostri archivi. La nuova versione delle Norme procedurali è inoltre disponibile sul sito web della FIFA, dove naturalmente è possibile scaricarne una copia in formato elettronico. A tempo debito, il Regolamento sarà spedito in triplice copia nel consueto formato opuscolo..

Tutte le modifiche apportate alle Norme procedurali entreranno in vigore a partire dal 1 dicembre 2012.

Art. 5 par.1 delle Norme procedurali

La modifica contribuirà a rafforzare la sicurezza giuridica riguardo alle decisioni notificate alle parti senza le motivazioni e ai termini temporali applicabili.

Nell'invitarVi a contattarci per qualsiasi dubbio o quesito riguardo a quanto sopra e nel ringraziarVi per la cortese attenzione, ci è gradita l'occasione per porgerVi i nostri più cordiali saluti.

FIFA

Jérome Valke (firma)

Segretario Generale

Annotazione
Questa circolare modifica e integra il regolamento per lo status e il trasferimento dei calciatori e il regolamento per le procedure della commissione per lo status dei calciatori e della camera di risoluzione delle controversie

Allegato 6 del Regolamento in materia di status e trasferimento dei calciatori Regolamento in materia di status e trasferimento dei giocatori di calcio a cinque

SOMMARIO

Definizioni

ALLEGATO 6

a)   Principio

b)   Portata
c)   Rilascio e idoneità dei giocatori alle squadre nazionali
d)   Tesseramento
e)   Certificato di trasferimento internazionale per il calcio a cinque
f)   Applicazione delle sospensioni disciplinari
g)   Osservanza del contratto
h)   Tutela dei minori
i)   Compensi per gli allenamenti
j)   Meccanismo di solidarietà
k)   Competenza della FIFA
l)   Questioni non trattate
m) Lingue ufficiali
n)   Applicazione

DEFINIZIONI

Ai fini del presente allegato, i termini elencati a seguire sono definiti nel modo seguente:

1.

Il calcio a cinque viene giocato in conformità con il Regolamento di gioco stilato dalla FIFA in collaborazione con la sottocommissione dell'*International Football Association Board*.

2.

Il calcio a cinque viene giocato in conformità con il Regolamento di gioco autorizzato dall'*International Football Association Board*.

3.

Il Regolamento FIFA in materia di status e trasferimento dei giocatori è il regolamento stilato dalla FIFA in base all'Art. 5 dello Statuto FIFA del 19 ottobre 2003.

4.

Federazione precedente: la Federazione a cui la precedente Società era affiliata.

5.

Società precedente: la società da cui proviene il calciatore.

6.

Nuova Federazione: la Federazione a cui è affiliata la Nuova Società.

7.

Nuova Società: la nuova società per cui si tessera il calciatore.

8.

Partite ufficiali: le partite giocate nell'ambito del calcio organizzato, come i campionati nazionali di lega, le coppe nazionali e i campionati internazionali per società, fatta eccezione per gli incontri amichevoli e di allenamento.

9.

Calcio organizzato: calcio a cinque e a undici organizzato sotto gli auspici della FIFA, delle Confederazioni e delle Federazioni, o autorizzato da esse.

10.

Periodo protetto: un periodo di tre stagioni intere o tre anni, a seconda della condizione che si verificherà prima, dopo l'entrata in vigore di un contratto, se tale contratto è stato stipulato prima del 28° compleanno del professionista, o un periodo di due stagioni intere o due anni, a seconda della condizione che si verificherà prima, dopo l'entrata in vigore di un contratto, se tale contratto è stato stipulato dopo il 28% compleanno del professionista.

11.

Periodo di tesseramento: un periodo fissato dalla Federazione competente in conformità con l'Articolo 6 del Regolamento in materia di status e trasferimento dei calciatori.

12.

Stagione: il periodo che ha inizio dalla prima partita ufficiale del relativo campionato nazionale e termina con l'ultima partita ufficiale del relativo campionato nazionale.

Si fa altresì riferimento alla sezione "Definizioni" dello Statuto della FIFA.

NB: I termini che si riferiscono alle persone naturali sono applicabili a entrambi i sessi.

Qualsiasi termine al singolare si applica anche al plurale e viceversa.

ALLEGATO 6

Articolo 1Principio

Queste norme sono parte integrante del Regolamento FIFA per lo status e il trasferimento dei calciatori e ne costituiscono l'allegato 6.

Articolo 2Portata

1.

Il Regolamento in materia di status e trasferimento dei calciatori di calcio a cinque stabilisce disposizioni generali e vincolanti concernenti lo status dei giocatori di calcio a cinque, la loro idoneità a partecipare al Calcio organizzato e il loro trasferimento fra società appartenenti a diverse Federazioni.

2.

Il Regolamento in materia di status e trasferimento dei calciatori viene applicato senza modifiche ai giocatori di calcio a cinque, salvo una diversa disposizione contenuta nel presente allegato 6 preveda espressamente una diversa norma applicabile al calcio a cinque.

3.

Il trasferimento dei calciatori di calcio a cinque fra società appartenenti alla stessa Federazione è disciplinato da specifiche regolamentazioni emesse dalla Federazione in conformità con l'Art. 1 del Regolamento in materia di status e trasferimento dei calciatori.

4.

Le seguenti disposizioni nel Regolamento in materia di status e trasferimento dei calciatori sono vincolati per il calcio a cinque a livello nazionale e devono essere inserite, senza modifica alcuna, nel regolamento della Federazione: Art. 2-8, 10, 11 e 18.

5.

Ciascuna Federazione è tenuta a inserire nel proprio regolamento gli strumenti atti a tutelare la stabilità dei contratti, nel rispetto delle normative vigenti a livello nazionale e dei contratti collettivi. In particolare, si devono considerare i principi contenuti nell'Art. 1 comma 3 (b) del Regolamento in materia di status e trasferimento dei calciatori.

Articolo 3Rilascio e idoneità dei giocatori alle squadre nazionali

Le disposizioni negli allegati 1 e 2 del Regolamento in materia di status e trasferimento dei giocatori che disciplinano il rilascio dei calciatori alle squadre nazionali e l'idoneità dei calciatori a giocare per le squadre nazionali hanno natura vincolante.

2.

Un calciatore può rappresentare solo una Federazione sia nel calcio a cinque che nel calcio a undici. Un calciatore che abbia già rappresentato una Federazione (per intero o in parte) in una competizione ufficiale di calcio a undici o a cinque in qualsiasi categoria non può giocare un incontro internazionale con un'altra squadra nazionale. Tale disposizione è soggetta all'eccezione prevista dall'Art. 15 comma 3-5 del Regolamento che disciplina l'applicazione dello Statuto FIFA.

Articolo 4 Tesseramento

1.

Un giocatore di calcio a cinque deve essere tesserato per una Federazione per poter giocare con una società come professionista o dilettante in conformità con le disposizioni dell'Art. 2 del Regolamento in materia di status e trasferimento dei calciatori. Solo i calciatori tesserati sono qualificati per partecipare al Calcio organizzato. Il tesseramento comporta l'impegno del calciatore a rispettare gli statuti e i regolamenti della FIFA, delle Confederazioni e delle Federazioni.

2.

Un calciatore può essere tesserato solo per una società alla volta nel calcio a cinque. Tuttavia, un calciatore può essere tesserato contemporaneamente per una società di calcio a undici. Non è necessario che le società di calcio a cinque e a undici appartengano alla stessa Federazione.

3.

I calciatori possono essere tesserati per un massimo di tre società di calcio a cinque nel periodo dal 1° luglio al 30 giugno dell'anno successivo. Durante questo periodo, il calciatore può giocare nelle gare ufficiali per due società. Il numero di società di calcio a undici per cui lo stesso calciatore può anche essere tesserato nello stesso periodo dal 1° luglio fino al 30 giugno dell'anno seguente è indicato nell'Art. 5 comma 3 del Regolamento in materia di status e trasferimento dei calciatori.

Articolo 5 Certificato di trasferimento internazionale

per il calcio a cinque 1.

I calciatori di calcio a cinque di una Federazione possono essere tesserati per una società di calcio a cinque di un'altra Federazione solo una volta che quest'ultima ha ricevuto un Certificato di trasferimento internazionale per il calcio a cinque dalla precedente Federazione. Questo Certificato di trasferimento internazionale deve essere concesso senza alcun onere né condizioni o limiti di tempo. Eventuali disposizioni in senso contrario saranno nulle e prive di effetti. La Federazione che emette il Certificato di trasferimento internazionale è tenuta a depositarne una copia presso la FIFA. Analogamente, le procedure amministrative per l'emissione di un Certificato di trasferimento internazionale nel calcio a undici saranno applicate anche all'emissione di un certificato di trasferimento internazionale nel calcio a cinque. Tali procedure sono riportate nell'allegato 3 del Regolamento in materia di status e trasferimento dei calciatori. Il Certificato di trasferimento internazionale per il calcio a cinque deve essere distinto da quello per il calcio a undici.

2.

Non è necessario un Certificato di trasferimento internazionale per il calcio a cinque se un giocatore ha meno di 12 anni.

Articolo 6 Applicazione delle

sospensioni disciplinari 1.

Una sospensione in termini di partite (cfr. Art. 20 commi 1 e 2 del Codice di disciplina della FIFA) comminata a un calciatore per una violazione commessa durante una partita di calcio a cinque, o in rapporto a tale partita, avrà effetto esclusivamente sulla partecipazione del giocatore agli incontri della sua società di calcio a cinque. Analogamente, una sospensione in termini di partite comminata a un calciatore di calcio a undici avrà effetto esclusivamente sulla partecipazione del calciatore agli incontri della sua società di calcio a undici.

2.

Una sospensione comminata in termini di giorni e mesi avrà effetto sulla partecipazione del calciatore agli incontri delle sue società di calcio a cinque e a undici, indipendentemente dal fatto che la violazione sia stata commessa nel calcio a undici o a cinque.

3.

La Federazione per cui è tesserato un calciatore è tenuta a notificare la sospensione comminata in termini di giorni e mesi alla seconda Federazione per cui tale calciatore potrebbe essere tesserato, qualora il calciatore sia tesserato per società di calcio a cinque e a undici appartenenti a due diverse Federazioni.

4.

Qualsiasi sospensione disciplinare comminata a un calciatore prima di un trasferimento deve essere imposta o applicata dalla nuova Federazione per cui il calciatore è tesserato. La precedente Federazione è tenuta a informare per iscritto la nuova Federazione in ordine alle eventuali sanzioni e all'atto di emettere il Certificato di trasferimento internazionale per il calcio a cinque.

Articolo 7Osservanza del contratto

1.

Un calciatore professionista a contratto con una società di calcio a undici può stipulare un secondo contratto come professionista con un'altra società di calcio a cinque solo se ottiene preventivamente l'approvazione scritta della società di calcio a undici da cui dipende. Un professionista a contratto per una società di calcio a cinque può stipulare un secondo contratto da professionista con un'altra società di calcio a undici solo se ottiene preventivamente l'approvazione scritta della società di calcio a cinque da cui dipende.

2.

Le disposizioni applicabili al mantenimento della stabilità contrattuale sono contenute negli Articoli 13-18 del Regolamento in materia di status e trasferimento dei calciatori.

Articolo 8Tutela dei minori

I trasferimenti internazionali di calciatori sono consentiti solo
se il calciatore ha già compiuto i 18 anni. Le eccezioni a questa
norma sono contenute nell'Art. 19 del Regolamento in materia di
status e trasferimento dei calciatori.

Articolo 9Compensi per gli allenamenti

Le disposizioni sui compensi per gli allenamenti contenute nell'Art.
20 e nell'allegato 4 al Regolamento in materia di status e trasferimento
dei calciatori non si applicano al trasferimento dei calciatori a e fra
società di calcio a cinque.

Articolo 10Meccanismo di solidarietà

Le disposizioni sul meccanismo di solidarietà contenute nell'Art. 21 e nell'allegato 5 al Regolamento in materia di status e trasferimento dei calciatori non si applicano al trasferimento dei calciatori a e fra società di calcio a cinque.

Articolo 11Competenza della FIFA

1.

Fatto salvo il diritto di qualsiasi calciatore o società di calcio a cinque di rivolgersi a un tribunale civile per dirimere le controversie in materia di lavoro, la FIFA è competente a giudicare in ordine a teli controversie, secondo quanto stipulato dall'Art. 22 del Regolamento in materia di status e trasferimento dei calciatori.

2.

La Commissione per lo status dei calciatori o il singolo giudice decidono su tutte le controversie, secondo quanto stabilito dall'Art. 24 del Regolamento in materia di status e trasferimento dei calciatori.

3.

La Camera di Risoluzione delle Controversie (CRC) o il giudice della CRC è competente a giudicare in ordine alle controversie, secondo quanto statuito dall'Art. 24 del Regolamento in materia di status e trasferimento dei calciatori.

4.

Gli appelli avversi alle decisioni prese dai summenzionati organismi possono essere presentati al Tribunale Arbitrale dello Sport (TAS).

Articolo 12Questioni non trattate

Le questioni di cui non sia stata data trattazione in questo regolamento verranno disciplinate in conformità con il Regolamento in materia di status e trasferimento dei calciatori.

Articolo 13Lingue ufficiali

In caso di eventuali discrepanze nell'interpretazione delle versioni in lingua inglese, francese, spagnola o tedesca di questo regolamento, farà testo la versione in lingua inglese.

Articolo 14Applicazione

Il presente allegato è stato adottato dal Comitato Esecutivo della FIFA il 29 giugno 2005 ed è entrato in vigore il 1° settembre 2005.

In rappresentanza del Comitato Esecutivo della FIFA